# 大学英语教学方法与策略研究

卢杨夏蒙  著

延边大学出版社

图书在版编目（CIP）数据

大学英语教学方法与策略研究 / 卢杨夏蒙著. -- 延吉：延边大学出版社，2022.9
　　ISBN 978-7-230-03843-0

Ⅰ.①大… Ⅱ.①卢… Ⅲ.①英语－教学研究－高等学校 Ⅳ.①H319.3

中国版本图书馆 CIP 数据核字(2022)第 180253 号

## 大学英语教学方法与策略研究
_____
著　　者：卢杨夏蒙
责任编辑：乔双莹
封面设计：正合文化
出版发行：延边大学出版社
社　　址：吉林省延吉市公园路 977 号　　邮　　编：133002
网　　址：http://www.ydcbs.com　　E-mail：ydcbs@ydcbs.com
电　　话：0433-2732435　　传　　真：0433-2732434
印　　刷：廊坊市广阳区九洲印刷厂
开　　本：787×1092　1/16
印　　张：11.25
字　　数：200 千字
版　　次：2022 年 9 月 第 1 版
印　　次：2022 年 9 月 第 1 次印刷
书　　号：ISBN 978-7-230-03843-0
_____
定价：68.00 元

# 前　言

大学英语是高等院校人文教育的一部分，兼具工具性和人文性。就其工具性而言，大学英语是对基础教育阶段英语教学的进一步拓展，主要目的是在高中英语教学的基础上进一步提高学生听、说、读、写、译的能力。大学英语的工具性还体现在专门用途英语上，学生可以通过学习与专业或未来就业有关的学术英语或职业英语，获得在学术或职业领域进行交流的相关能力。

大学英语教学的基本要求是：大学英语教学以英语的实际使用为导向，以培养学生的英语应用能力为重点。英语应用能力是指学生在学习、生活和未来工作中用英语进行沟通、交流的能力。大学英语在注重发展学生通用语言能力的同时，应进一步增强其学术英语或职业英语交流能力和跨文化交际能力，以使学生在日常生活、专业学习和职业岗位等不同领域或语境中能够用英语有效地进行交流。基础标准、提高标准和发展标准在听力理解、口头表达能力、阅读理解能力、书面表达能力和翻译能力各方面都提出了与专业学习和未来工作、岗位相关的要求。这就要求大学英语教学适应专业英语的教学要求，在教学思想、教学内容和教学模式上进行改革和尝试。

本书总体分为五章，从大学英语教学的基本理论入手，对大学英语的教学方法、教学策略进行研究，同时对新时代大学英语教学手段进行了探究，最后论述了跨文化传播背景下的大学英语教学，以期对英语教学者有一定的帮助。

在本书的编写过程中，笔者曾参阅了国内外有关学者的大量研究成果，同时也得到了有关领导、同事、朋友及学生的大力支持与帮助，在此致以衷心的感谢。由于笔者学识水平和时间有限，本书还有一些不尽如人意的地方，敬请同行专家及读者指正，以便进一步完善提高。

卢杨夏蒙

2022 年 6 月

# 目　　录

## 第一章　大学英语教学概述 ... 1

第一节　大学英语教学的定义和定位 ... 1

第二节　大学英语教学的理论依据 ... 5

第三节　大学英语教学的基本要素 ... 15

第四节　大学英语教学的基本原则 ... 24

第五节　我国大学英语教学现状分析 ... 33

## 第二章　大学英语教学方法 ... 37

第一节　传统教学法 ... 37

第二节　交际法 ... 48

第三节　内容型教学法 ... 52

第四节　任务型教学法 ... 54

第五节　其他教学法 ... 60

## 第三章　大学英语教学策略 ... 78

第一节　情感教学策略 ... 78

第二节　分级教学策略 ... 82

第三节　个性化教学策略 ... 87

## 第四章　新时代大学英语教学手段 ... 103

第一节　微课 ... 103

第二节 慕课 ............................................................... 111
  第三节 翻转课堂 ......................................................... 117
  第四节 ESP 教学 ......................................................... 125

# 第五章 跨文化传播背景下的大学英语教学 .................. 144

  第一节 跨文化传播的基础理论 ................................. 144
  第二节 跨文化传播与大学英语教学的关系 ................ 150
  第三节 大学英语教学中的跨文化教学 ........................ 151

# 参考文献 ............................................................................. 171

# 第一章 大学英语教学概述

## 第一节 大学英语教学的定义和定位

### 一、大学英语教学的定义

（一）教学

在教育的范畴中，教学是一个比较复杂的因素。究其原因，教学对教师而言是一种教育活动，对学生而言则是一种学习活动。因此，教学既是教师教的过程，又是学生学的过程。在这样一个师生互动的过程中，学生在教师的引导下不仅能掌握知识与技能，而且能在能力、情感、态度及价值观等方面得到成长，即学生在学习过程中得到了全面发展。可见，作为教与学的有机统一体，教学过程需要教师有计划地教，也需要学生积极地学，与师生的共同参与密不可分。需要注意的是，学生在这一过程中居于主体地位，教师则是对这一活动进行有效引导。

教学是学校教育中最重要的教育活动形式，具有较强的目的性。此外，知识与技能的传递是教学活动的主要任务，这些传递的内容具体表现为课程内容与教学内容。总体来说，教学活动的计划性、系统性较强，因此常采取课程计划、教学计划的形式。一般来说，教育行政机构负责课程计划与教学计划的制订。在某些情况下，也可由教师或学校自行制订。

（二）语言教学

语言教学是教育工作的重要组成部分，其主要目的是帮助学习者掌握一门具体语言并应用于具体交际活动中。

一般来说，语言教学主要包括以下两种。

1. 本族语教学

本族语教学即第一语言教学。相关学者对第一语言教学的内容有不同的看法。一些学者认为，语言教学是一种有计划、有目的、有特定方法的教学活动，但学生第一语言的习得活动不具备这种特性，因此学生的第一语言习得活动不属于语言教学的范畴。但在另一些学者看来，学生语言的习得和学习都属于第一语言教学的范畴。

2. 外语教学

外语教学即第二语言教学。第二语言教学主要指对外国语言的教学，既包括中国对英语等外语的教学，也包括中国对外国学生进行的汉语教学。第二语言教学是对第一语言能力的一种拓展，是在第一语言教学的基础上进行的。

除第一语言教学与第二语言教学外，语言教学还包括双语教学和多语教学。

语言教学有其独立的理论体系，是一门独立的学科。但是，语言教学研究不仅仅局限于整个教学活动，它还对语言教学的原则、方法等理论进行研究。此外，语言教学的开展离不开相关理论的支持，如应用语言学、教育学、心理学、教育技术学的相关理论等。

## （三）英语教学

英语教学不仅是一种语言教学，还是一种文化教学。

首先，英语教学是一种语言教学。英语是国际性的交际语言，所以英语教学必然属于语言类的教学。开展英语教学的目的在于培养学生的英语语言运用能力。对中国学生而言，作为第二语言的英语本身是一门外语，对英语进行教学也是外语教学。就人类外语教学的历史发展而言，外语教学与外语知识教学密切相关，以外语知识作为基础展开教学，有助于学生培养自身的外语运用能力，这也是英语教学作为语言教学的本质所在。

需要明确的是，那些针对语言知识学习展开的研究类的语言教学并不是建立在语言运用基础上的，因此这类教学并不属于语言教学，如对古汉语展开的研究、对古希腊语进行的研究等。因此需要将这种研究与语言教学分开。

其次，英语教学也是一种文化教学。众所周知，语言与文化有着密切的关系，二者的关系反映在：要开展英语教学就意味着必然要开展文化教学。具体而言，需要学生对基本的语言知识和文化知识有所掌握，同时需要提升自身的语言能力，便于以后在生活和工作中能够恰当地运用英语这门语言。

### （四）大学英语教学

对于中国学生而言，英语属于第二语言，如果缺乏语言运用的环境，缺乏使用对象，那么大学英语教学必然陷入困境。大学英语教学对学生掌握语言的水平与应用语言的水平都有直接的影响，这可以从大学英语教学的内涵中体现出来。

从教育学的角度来说，大学英语教学是教育活动的一种。对于教师来说，教学主要是为了引导学生进行学习；而对于学生来说，教学是在教师的指引下进行学习。促进学生的发展是教学的主要目标。可见，教学是教师与学生的互动过程，教师负责教，学生负责学，是二者共同实现教学目标的一项活动。

大学英语教学具有以下三个特点。

#### 1.有目的的活动

教学的阶段不同，英语教学的目标也不同。到了大学阶段，学生除了要继续学习英语基础知识外，还要掌握听、说、读、写、译技能，并将这些技能与文化相结合，进而将英语知识运用到日常生活与工作中。

#### 2.具有系统性与计划性

大学英语教学具有系统性与计划性。说其具有系统性，主要体现在制订者上，包含教研部门、教育行政机构、学校教学管理者等；说其具有计划性，是指对英语知识进行计划性的教学，如语音、词汇、语法、听力、口语、阅读、写作、翻译等知识与技能的教学。

#### 3.需要采取合理的教学方法与技术

大学英语教学需要采取合理的教学方法与教学技术。随着英语教学的发展，很多教学方法应运而生，再加上现代科技的辅助，尤其是网络多媒体的发展，使得大学英语教学更具互动性、灵活性，并且教学效果也更加理想。

综上所述，我们可以将大学英语教学的定义总结为：教师从教学目标与教学内容出发，在有计划的、系统的教学过程中采用一些技术手段来传授英语知识，让学生掌握英语基础知识，促进学生整体英语素质的提升与发展。

## 二、大学英语教学的定位

大学英语教学的定位问题在英语教学中尤为重要。如果定位准确，那么大学英语教学就能不断满足国家、社会与学生个人的需求；如果定位不准确，那么大学英语教学将会被社会淘汰。

作为我国外语教学的一部分，大学英语教学具有外语教学的共性，既有优点也有缺点，优点在于规模比较大，具有多元化特点；缺点在于布局不合理、规划不足，这就导致大学英语教学中出现明显的"费时低效"现象。

现代大学毕业生中具备较高英语水平的人才严重匮乏，教学的整体规划也不完善，这对大学英语教学的健康发展造成了不利的影响。因此，当前大学英语教学既要考虑地域性、学科性这一纵轴，也要考虑需求性、前瞻性这一横轴，以师资力量的提升作为保证，完善大学英语教学的整体规划。

由上述分析可知，大学英语教学受到地域、学科、需求、师资力量等因素的影响，因此各大院校应从学生的实际情况出发，制订适合不同学生的不同规划。在当前的形势下，大学英语教学需要重新进行定位——将培养学生的英语综合运用能力作为大学英语教学的主要目标。

大学英语学习不能急于求成，这不仅是为了以后的考试，而且也是为了以后的工作与交流。例如，学生学的是旅游专业，那么他们毕业时应该可以用英语介绍景点，为外国人做导游。学生在学校学习的时间是有限的，他们在专业领域的学习不可能是尽善尽美的，但至少在学习中已经积累了一定的经验，因此可以为以后的学习打下基础，为以后的工作做一定的准备。

总之，大学英语教学需要定位明确，这是不争的事实。著名学者戴炜栋就明确指出，中国应该建设一个符合中国实际的英语教学体系，使教学中的各个环节相互贯穿，但在贯穿的基础上，一定要做到从国情出发，建立以综合英语为基础的多元化英语教学模式。

## 第二节 大学英语教学的理论依据

### 一、语言本质理论

（一）语言功能理论

语言功能理论源于英国功能语言学派，该学派的思想始于弗斯（J. R. Firth），后来在卡特福德（J. C. Catford）、韩礼德（M. A. K. Halliday）等人的研究中得到进一步发展。这里重点介绍韩礼德的语言功能理论。韩礼德认为，语言是在实现其功能的过程中不断演变的，语言的社会功能会影响语言本身的特性。在《语言结构和语言功能》与《语言功能的探索》中，韩礼德将语言的功能分为微观功能、宏观功能和纯理功能三种。

1. 微观功能

微观功能在儿童学习母语的初级阶段体现得较为明显，包括以下七种。

个人功能：指儿童可以通过语言来表达自己的感情或某种意义。

想象功能：指儿童可以通过语言来创造一个幻想的世界。

规章功能：指儿童可以通过语言来控制他人的行为。

启发功能：指儿童可以通过语言来认识周围的世界，学习和发现问题。

工具功能：指儿童可以通过语言获取物品。

相互关系功能：指儿童可以通过语言与他人交往。

信息功能：指 18 个月大的儿童可以通过语言向别人传递信息。这种通过语言向别人传递信息的能力是儿童在成长期掌握的。

需要指出的是，在儿童的语言中，一句话只有一种功能而没有多种功能。随着儿童语言逐渐向成人语言靠拢，其功能范围逐渐缩小，这些微观功能就让位于宏观功能。

2. 宏观功能

同微观功能相比，宏观功能含义丰富而抽象。韩礼德认为宏观功能可分为两种。

（1）理性功能

理性功能指的是儿童把语言作为观察事物和学习知识的一种途径。这个功能由早期儿童语言的个人功能、启发功能等微观功能演变而来。

（2）实用功能

实用功能指的是儿童把语言用作做事的手段。实用功能产生于早期儿童语言的工具功能、规章功能等微观功能。

3.纯理功能

韩礼德指出，语言的本质与我们对它的要求和它所应实现的功能有紧密的联系，所有的文化都会在语言中反映出这些功能。我们可以把它归纳为若干有限的抽象功能，这就是"纯理功能"或"元功能"。这些抽象功能是各种语言所固有的功能，它们是高度概括的概念，在语言中难以找到相应的对象。纯理功能包括三种。

（1）人际功能

人际功能指语言可以体现讲话者的一系列主观思想，如讲话者的态度、动机等。在交际过程中，讲话者会根据个人主观因素来改变自己的态度与立场。但无论如何改变，交际的基本任务只有两个：给予和求取。给予就是向他人传递信息，求取就是索要自己想得到的信息。

（2）概念功能

概念功能就是人们在现实世界中的经历与经验，其中包含了各种因素，如参与者、时间、地点等。讲话者为了传递信息，会与听话者交流其所不知道的内容。换言之，语言是用来传递使用者在现实世界和抽象世界中获得的经验的一种方式。语言代表着动作、事件、人和物等。语言的概念功能主要体现在及物性、归一性和语态等方面。

（3）语篇功能

语篇功能是根据不同的意义对语言进行划分，并组合成语篇的功能。语篇功能涉及主位和述位两个方面。主位是信息的起点，主位结构由主位和述位构成。主位分为单项主位、句项主位和复项主位。单项主位指的是那些只包括概念功能的主位。句项主位通常只包含概念成分，因而本质上也是单项主位。复项主位是由多种语义成分构成的主位。

在如何看待语言本质的问题上，韩礼德对语言功能的论述为我们提供了一个全新的视角，加深了语言学界对语言的理解。后来的交际法教学流派（又称"功能—意念教学流派"）就是以韩礼德的语言功能理论为基础建立起来的。

（二）二语习得理论

20世纪70年代，克拉申（S. D. Krashen）针对第二外语的习得提出了二语习得理论，并对其进行了阐释。该理论是最具争议的二语学习理论之一，主要包括以下五个部分。

**1. 习得和学习假设**

克拉申认为，"学习"和"习得"不同，它们是培养外语能力的两种途径。"学习"是学习者通过课堂学习等方式有意识地掌握语言的语法规则的过程，而"习得"是学习者在无意识的状态下形成并掌握语言能力的过程，是一种类似于儿童学习母语的过程。习得与学习的区别具体如表1-1所示。

表1-1  习得与学习的区别

| 习得 | 学习 |
| --- | --- |
| 不知不觉的过程 | 意识到的过程 |
| 内化、隐含的语言规则 | 获得明示的语言知识 |
| 正式学习无助于习得 | 正式学习有助于语言知识的获得 |

克拉申认为，语言学习只能监控和修正语言，却不能发展交际能力，外语应该通过习得来掌握。另外，习得能够发展儿童的交际能力。

**2. 自然顺序假设**

克拉申认为，一种语言的语法规则或结构是按一定的、可以预知的顺序习得的，这种情况也适用于第二语言（外语）的学习。

**3. 输入假设**

在克拉申看来，理想的输入应具备以下四个特点。

首先，应具有习得的基础，即"$i+1$"。"$i+1$"是克拉申提出的著名公式。其中，"$i$"代表习得者现有的水平，"1"表示语言材料应略高于习得者目前的语言水平。这意味着，只要习得者能理解输入的材料，且达到了一定的量，就意味着其已经自动有了这种基础。

其次，应具有可理解性。输入的语言必须可以理解，不可理解的输入对学习者不仅无用，而且会损害学生学习的积极性。可理解的语言输入是语言习得的必要条件。

再次，应既有趣又有关联。趣味性与关联性可以增强语言习得的效果。

最后，应按照非语法程序安排教学活动。在语言习得的过程中，不必按语法程序安排教学活动，重要的是要有足够的可理解的输入内容。

按照克拉申的外语教学理论，教师在进行外语教学时应尽量向学生提供可理解的语言输入内容，教师应利用一切手段来增加语言输入的可理解性。

4. 监察假设

克拉申认为，有意识的习得只能起到监察的作用。这种监察作用可以发生在写或说之前，也可以发生在之后。

需要指出的是，习得的监察作用必须具备以下三种条件才有效果：有足够的时间，知道规则，注意语言形式。此外，这种监察作用在不同的语言交际活动（如口头表达与书面表达）中具有不同的交际效果。

5. 情感过滤假设

"情感"是指学习者的动机、需求、信心、忧虑程度以及情感状态等。这些情感因素会对语言的输入起到促进或阻碍作用，因而又被视为可调节的过滤器。

根据情感过滤假设，外语学习者的积极情感态度有助于更多地输入目的语，而消极的情感态度则会过滤掉很多目的语。因此，教师还应避免给学生施加压力，要努力创造一种轻松愉快、自由自在的学习气氛。

### （三）输出假设理论

斯温（M. Swain）基于对加拿大法语沉浸式教学结果的研究提出了输出假设理论。斯温认为，语言输入是实现语言习得的必要条件，但是除了这一必要条件，还需要其他的条件。也就是说，要想使学习者的英语学习水平提高，除了需要对学习者进行可理解的输入，还需要考虑学习者可理解的输出。

学习者需要充分理解、有效运用既有的学习资源，并将其准确、合理地输出。这样学习者的语言水平才能得到较大程度的提升，学习者才能在不断输出的过程中意识到自己在语言表达方面存在的问题。在大学英语教学实践中，教师应尽可能地为学生提供语言表达的机会，不断提高学生语言表达的准确性和流畅性。斯温认为，语言输出的作用主要体现在以下三个方面。

第一，检验自己所提出的假设是否正确，是否具有一定的可行性。

第二，使学习者着重掌握语言形式。

第三，让学习者能够有意识地进行自我反思。

斯温的输出假设理论对大学英语教学有一定的启示。英语教师意识到语言输出活动对语言学习的重要性之后，就会专门设计一些交际性的语言实践活动来进行教学，如让学生复述、组织小组讨论、组织辩论等。相关人员在编写教材的过程中也会注意添加一些实际性的语言输出活动，如角色扮演、针对某一话题发表不同的意见和见解等。

### （四）言语行为理论

言语行为理论作为语言语用研究中的一个重要理论，最初是由英国哲学家奥斯汀（J. L. Austin）在20世纪50年代提出的。之后，美国的哲学语言学家塞尔（J. R. Searle）对言语行为进行了深入的探讨。因此，这里主要介绍他们的观点。

1. 奥斯汀的言语行为理论

奥斯汀将话语的句型分为表述句和施为句两大类。此外，他还在此基础上提出了言语行为三分说。

（1）表述句与施为句

表述句是用来描写、报道或陈述某一客观存在的事态或事实的句子。表述句可以验证，并且具有真假值。

例如：Jim is lying in bed.

如果Jim确实在床上躺着，这句话就为真；反之则为假。

施为句是用来创造一个新的事态以改变客观状况的句子。施为句不可以验证，也不具有真假值。

例如：I call the toy horse Spirit.

这个句子既无法验证，也无法判断真假。这个句子的意义在于给玩具马命名，即给客观环境带来了变化。

可见，表述句与施为句的最大区别在于表述句以言指事、以言叙事，而施为句以言行事、以言施事。

（2）言语行为三分说

奥斯汀发现了表述句与施为句两分法的不足之处并修改了自己的观点，提出了更为成熟的言语行为三分说。他将言语行为分为以下三个层次。

第一，以言指事行为，它是指根据交际目的将词组成句子，并按照语言习惯用正确的语调说出来。以言指事行为所表达的是字面或表层的意义。

第二，以言行事行为，它是指通过说话来实施一种行为或做某事。它是表明说话人意图的行为。以言行事行为可简称为"语力"。奥斯汀将以言行事行为分为评价行为类、施权行为类、承诺行为类、论理行为类、表态行为类五个类别。

第三，以言成事行为，即以言取效行为，它是指说话带来的后果。需要说明的是，以言成事行为或以言取效行为只是用来指一句话导致的结果，无论结果如何都跟说话人的意图无关。

### 2.塞尔的言语行为理论

塞尔的主要贡献是改进了奥斯汀对以言行事行为的分类，并提出了间接言语行为理论，探讨了言语行为的形式化等问题。

（1）塞尔对以言行事行为的重新分类

塞尔将以言行事行为分为以下五类。

第一，承诺类。它表示说话人对未来的行为作出不同程度的承诺。此类行为的动词包括 threaten, pledge, vow, offer, undertake, guarantee, refuse, promise, commit 等。

第二，表达类。它表示说话人的某种心理状态。此类行为的动词包括 congratulate, apologize, deplore, regret, thank, welcome, condole, boast 等。

第三，断言类。它表示说话人对某事作出真假判断或在一定程度上表明态度。此类行为的动词包括 deny, state, assert, affirm, remind, inform, notify, claim 等。

第四，宣告类。它表示说话人所表达的命题内容与客观现实一致。此类行为的动词包括 nominate, name, announce, declare, appoint, bless, christen, resign 等。

第五，指令类。它表示说话人在不同程度上指使或命令听话人去做某事。此类行为的动词包括 request, ask, demand, invite, order, urge, advise, propose, suggest 等。

塞尔的分类具有很强的科学性，直到今天仍在使用。

（2）间接言语行为理论

所谓间接言语行为，就是通过实施另一行为而间接得以实施的言语行为。

例如：Can you pass the bottle to me?

这种言语行为虽然表面上在进行"询问"，但实际上表达的是一种"请求"，即"请求"是通过"询问"间接实施的。

塞尔进一步将间接言语行为分为规约性间接言语行为和非规约性间接言语行为两个类别。规约性间接言语行为通常出于对听话人的礼貌，且根据话语的句法形式可立即推断出其用意。而非规约性间接言语行为往往比较复杂，需要更多地依靠交际双方共知的语言信息与所处的语境来进行推断。

## 二、心理学理论

### （一）行为主义理论

行为主义理论最初来源于俄国生理学家巴甫洛夫（I. P. Pavlov）的"条件反射"概念。20世纪初，美国心理学家华生（J. B.Watson）创立了行为主义理论。美国学者斯金纳（B. F. Skinner）继承并发展了华生的行为主义理论。这里主要介绍此二人的理论。

#### 1.华生经典行为主义理论

华生把有机体受环境影响的一切活动称为"行为"，行为的基本要素是反应，反应分为习得的反应和非习得的反应。前者包括我们的一切复杂习惯和我们的一切条件反射，后者则指我们在条件反射和习惯方式形成之前的婴儿期所做的一切反应。华生将引发有机体反应的外部和内部的变化称为"刺激"，而刺激必然属于物理的或化学的变化。任何复杂的环境变化，最终总是通过物理变化或化学变化转化为刺激，作用于人。换句话说，刺激和反应都属于物理变化或化学变化，由此便形成刺激—反应（S—R）公式，通过刺激可以预测反应，通过反应可以推测刺激。

华生认为，学习就是以一种刺激替代另一种刺激形成条件反射的过程。在他看来，人类出生时只有几个反射和情绪反应行为，所有其他行为都是通过条件反射建立新的刺激—反应（S—R）而形成的。

华生主张心理学应该摒弃意识、意象等主观的东西，只研究所观察到的并能客观地加以测量的刺激和反应，无须理会其中间环节，华生称之为"黑箱作业"。他认为人类的行为都是后天习得的，环境决定了一个人的行为模式，无论是正常的行为还是病态的行为都是经过学习而获得的，也可以通过学习而更改、增加或消除。他认为查明了环境刺激与行为反应之间的规律性关系，就能根据刺激预知反应，或根据反应推断刺激，达到预测并控制动物和人的行为的目的。华生认为，行为就是有机体用来适应环境刺激的各种躯体反应的组合，有的表现在外表，有的隐藏在内部，在他眼中，人的行为和动物的行为没什么差异，都遵循同样的规律。

#### 2.斯金纳新行为主义理论

斯金纳于1957年出版了《言语行为》（*Verbal Behavior*）一书，从行为主义角度对言语行为进行了系统的分析。斯金纳认为，人们的言语以及言语中的各个部分都是在受到内部或外部刺激的情况下产生的。具体来说,斯金纳提出了"操作性条件反射"的观点,这一观点强调语言学习的过程是一个不间断的操作过程,即发出动作然后得到一个结果或达到一个目的,这一动作就被称为"操作"。如果这一动作的结果是令人满意的,操作者就会重复"操作",这时"操作"便得到"强化",也称为"正向强化"。儿童的语言学习过程正是这样一个不间断的"操作"过程。

斯金纳认为,在某一语言环境中,他人的声音、手势、表情和动作等都可以成为强化的手段。例如,教师可以通过表扬、肯定等手段,使学生的某种言语行为得到强化。只有言语行为不断得到强化,学生才能逐渐养成语言习惯,学会使用与语言内容相适应的语言形式。如果语言行为没有得到强化,语言习惯就不能形成,语言也就不能习得。在学习时,只有反应"重复"出现,学习才能发生。因此,"重复"在学习中的作用是不容忽视的。

行为主义学习理论的内容主要有以下几点。

第一,语言是一种习惯,是人类所有行为的基本部分,是在外界条件的作用下逐步形成的。

第二,在语言习得和语言学习的过程中,外部影响是内在行为变化的主要因素。因此,语言行为和习惯是受外部刺激的影响而发生变化的,而不是受内在行为的影响而发生变化的。

第三,儿童习得和学习语言的过程是按照操作—强化的过程进行的,即发出动作—获得结果—得到强化。这也是儿童习得语言的最基本的客观规律。

第四,学习是刺激与反应的连接,其基本公式为刺激—反应(S—R)。也就是说,有怎样的刺激,就会有与之相应的反应。

第五,学习过程是一个从渐进的尝试到错误的反复循环再到成功的过程。学习的步子要小,认识事物要从部分到整体。

第六,强化是学习成功的关键。语言行为需要通过正向强化形成并得到巩固。正向强化主要指学习上的成就感及他人的赞许和鼓励,它是帮助学习者形成语言习惯的重要外部影响因素。

## (二)人本主义理论

人本主义理论起源于二十世纪五六十年代在美国兴起的一种心理学思潮,被称为

"心理学的第三势力"。人本主义心理学起初并不是对学习和学习过程进行研究,它产生于临床心理学家、社会工作者和心理咨询工作者等一些对人类行为的基本原理和基本假设持有相似观点的心理学家的应用研究。人本主义心理学的主要研究者是马斯洛(A. H. Maslow),近年来影响较大的代表人物是罗杰斯(C. R. Rogers)。他们认为,教育能够为学习者提供一个心理环境,这个环境充满人情味,学习者在这个环境中得到教育,并将其固有潜能充分发挥出来。下面对他们的观点进行具体介绍。

1. 学习动机论

人本主义心理学的动机论是以马斯洛的"需求层次论"为基础的,马斯洛从人的自我实现需求出发,将人的需求从低级到高级分为五个等级:生理需求、安全需求、归属与爱需求、尊重需求、自我实现需求。其中,自我实现需求指的是人类能把自身潜在的东西变成现实的东西的基本倾向,是最高层次的需求。自我实现是对天赋、能力、潜力等的充分开拓和利用。马斯洛认为,人具有"自我实现"的动机,有"自我实现"需求的人总是致力于他们认为重要的学习和工作。

2. 学习类型论

罗杰斯将学习分为两类,即无意义学习和有意义学习。

(1) 无意义学习

罗杰斯认为,无意义学习只涉及心智,不涉及人的感情或个人意义,与完整的人无关。无意义学习类似于无意义音节的学习。记住无意义的音节是一项困难的任务,因为它们是枯燥乏味、无关紧要、很快就会被忘记的东西。在罗杰斯看来,学生在课堂上学习的内容,有许多都具有这种无意义的性质。几乎每个学生都会发现,他们的课程中有很大一部分内容对自己来说是无个人意义的。

(2) 有意义学习

有意义学习不仅是一种增长知识的学习,而且是一种与每个人各部分经验都融合在一起的学习,能影响学习者的态度、认知、情感、行为和生活。例如,一个5岁的小孩迁居到另一个国家,在不进行任何语言教学的情况下,让他每天与新的小伙伴们一起自由玩耍,他在几个月内就会掌握一种新的语言,而且会习得当地的口音。原因就在于他是以一种对自己有意义的方式去学习新语言的,所以学习速度极快。倘若请一个专门的语言教师去教他,在教学过程中使用对教师有意义的材料,那么他的学习速度将会极其缓慢。罗杰斯认为,有意义学习能将逻辑与直觉、理智与情感、概念与经验、观念与意义等结合在一起。当我们以这种方式学习时,我们就成了一个完整的人,即成了能够充分利用我们自己各个方面的能力来学习的人。

3.学习实质论

人本主义心理学指出,学习的实质是形成与获得经验,学习的过程就是经验的形成与获得的过程。在人本主义心理学的基础上,人本主义学习理论从以下四个方面来解释学习的实质。

(1) 学习即"形成"

人本主义学习理论重视学习方法的学习和掌握,强调在学习过程中获得知识和经验。在实际学习过程中,很多有意义的知识或经验是在做的过程中获得的。学生通过参加学习活动,进行自我发现、自我评价和自我创造,从而获得有价值、有意义的经验。所以,最有用的学习是学会如何学习。

(2) 学习即理解

罗杰斯认为,个人的学习不是机械的刺激和反应之间的连接的总和,而是一个心理过程,是个人对知觉的解释。具有不同经验的两个人面对同一事物时,往往会出现不一致的反应,这是因为两个人对知觉的解释不同,他们所认识的世界以及对这个世界的反应也不同,这并非所谓连接的不同所致。因此,要了解一个学生的学习过程,关键是要了解学生对外界情境或刺激的解释,而不是只了解外界情境或外界刺激。

(3) 学习即潜能的发挥

人本主义心理学家认为,人类具有学习的自然倾向或学习的内在潜能,人类的学习是一种自发的、有目的的、有选择的学习过程。人本主义的学习观将学生看作有目的、能够选择和塑造自己行为并从中得到满足的人。因此,教学的任务就是创设一种能够有效激发学生学习潜能的情境,以使学生的潜能得到充分发挥。罗杰斯强调教学要以学生为中心,教师的任务是帮助学生更好地理解自我和变化的环境。此外,人本主义学习理论还强调学习过程应该是一个愉快的过程,在教学中不应将强迫、惩罚以及种种要求或约束作为促进学生学习的方法。

(4) 学习是对学生有价值的学习

马斯洛和罗杰斯都强调,学习的内容应该是对学生有价值、有意义的知识或经验。罗杰斯认为,只有当学生真正地了解了所学内容的用处时,学习才能成为最好的、最有效的学习。通常来说,学生感兴趣并认为有用处、有价值的经验或技能比较容易学习;而那些学生认为价值小且效用不大的经验或技能通常学习起来很困难,也容易遗忘。因此,人本主义学习观倡导教师尊重学生的兴趣和爱好,尊重学生自我实现的需要,在课程内容的设置上给学生充分的自由，允许学生根据自己的兴趣、爱好以及自我需要来选择有关的学习内容。

### （三）认知学习理论

认知学习理论是通过研究人的认知过程来探索学习规律的学习理论。认知学习理论的倡导者认为，学习就是面对当前的问题情境，在内心经过积极的组织，从而形成和发展认知结构的过程。认知学习理论强调刺激与反应之间的联系是以意识为中介的，强调认知过程的重要性。认知学习理论的代表人物众多，皮亚杰（J. Piaget）是其中的杰出代表。皮亚杰创立了日内瓦学派和信息加工心理学，即运用信息加工的观点研究人的认知活动。

皮亚杰认为，无论一个人的知识多么高深、复杂，都可以追溯到他的童年，甚至胚胎时期。皮亚杰的理论试图以认知的社会、历史根源以及认知所依据的概念和"运算"的心理起源为依据来解释认知，尤其是科学认知。在皮亚杰看来，人出生以后如何形成认知、发展思维，受哪些因素制约，各种不同水平的智力及思维结构是如何先后出现的等问题都值得研究。因此，他的研究主要集中在两个方面：认知发展的阶段性问题和认知发展的机制。其中，认知发展的阶段理论具有广泛的影响。

## 第三节　大学英语教学的基本要素

### 一、教师

教师是教学活动的组织者，也是影响教学效果的重要变量之一。教师的主导作用是在与学生的交往中得以实现的。教师在教学过程中，除了要充分发挥自身的主导作用，更要注重自身素质的提高。一名合格的英语教师应具备以下三个方面的基本素质。

### （一）专业素质

教师的专业素质包括以下几个方面。

#### 1.综合教学能力

综合教学能力是指教师在英语教学中所需要的语言之外的教学能力，主要包括书写、唱歌、绘画、制作、表演等。具体要求如下：能写，即书写字迹工整规范；能唱，即能够结合学生学习的进程编写、教唱学生喜爱的英文歌曲；会画，即会画简笔画，并能将其运用于教学中；会制作，即能够设计制作适用于教学的各种教具，包括幻灯片、录像、电脑软件等；善表演，即能够充分利用体态语，以丰富的表情、协调的动作表达意义或情感，使课堂教学有声有色。

#### 2.系统的教学理论知识

系统的教学理论知识也是英语教师必须掌握的。所谓掌握系统的教学理论知识，是指教师除了要具备教育学、心理学理论知识，还要掌握英语教学理论知识，主要包括现代语言知识、英语习得理论知识和英语教学法知识等。

#### 3.较高的语言水平

具备较高的语言水平是一名英语教师的基本素养。教师不仅要具备系统的英语语音、语法知识，还要具有较大的词汇量，同时要具有良好的听、说、读、写能力。较高的语言水平是开展教学活动的基本保障，教师只有具备较高的语言水平，才能全面掌握教材，才能向学生传授英语语言知识，培养学生的英语语言学习兴趣。

#### 4.英语教学的组织能力

英语教学的组织能力主要指教师动员和组织学生集体进行学习的能力。这一能力主要表现在教师能有效地掌控课堂、有效地动员学生积极参加学习活动等方面。在有效掌控课堂方面，教师要做到以下几点：注意教材内容；注意自己的言语和言语表达效果；注意学生理解和表达的正确性，包括语音、语法、词汇及思想等方面的内容；注意课堂情绪和纪律；注意吸引学生的注意力。做到以上几点，教师才可以使课堂教学井然有序。要想有效动员学生积极参加学习活动，教师就要具有一定的创造性。教师具备创造能力，思维活跃，能够灵活运用知识技能，会使学生受到感染，从而全身心地投入教师引导的学习活动中。教师英语流利本身就是一种动员学生的力量。教师的发音要清晰、准确，教学内容要易懂、明确。另外，教师还要根据学生的语言水平来组织自己的语言，使用学生已经掌握的词汇和语法结构。

### 5.传授和提高英语知识技能的能力

（1）教师要善于讲解

讲解是所有教师所必须掌握的最主要、最基本的教学手段。一名合格的教师要善于将复杂的教学内容变得通俗易懂，能够深入浅出地进行讲解。为此，教师不仅要充分了解学生的心理、生理特点以及学生的英语水平，而且要认真细致地备课，根据不同的内容选择适当的讲授方法，在讲解的过程中还要做到重点突出。

（2）教师要善于示范

英语教学既要传授知识，又要培养技能。学生语言技能的训练包括发音训练、书写训练、朗读训练，这些都需要教师先进行示范，然后学生对教师的示范进行模仿。教师要将示范和讲解相结合，用示范配合讲解，或者用讲解来突出示范中的重点，做到示范正确、标准。由于示范是为了让学生进行模仿，因此还要与学生的实践相结合。

（3）教师要善于提问

向学生提问是英语教学的重要手段，教师要善于使用这一手段。例如，在讲授新知识之前，通过提问复习旧知识；通过提问检查学生对所学知识的掌握情况。教师在进行提问时要注意两点：提出的问题要符合学生的实际水平；要注意调动全班学生的积极性。

（4）教师要善于引导学生进行练习

语言技能的培养需要大量的语言实践，如语音练习、语法练习、口语表达练习、听力练习、阅读练习、写作练习等。教师要熟悉各种练习形式的作用，并在英语课堂教学中引导学生积极参与各种练习活动，从而有效地培养学生的语言技能。

（5）教师要善于纠正学生言语中的错误

学生学习英语是一个渐进的学习过程，在这个过程中难免会出现错误。有些错误是学生可以自行改正的，教师对此类错误不必刻意纠正。而对于有些必须纠正的错误，教师也应该有策略、有技巧地进行纠正。在何时纠正错误，如何纠正错误，都反映着教师的教学实践素质。

### 6.较强的科研能力

以往的英语教学只要求教师具备一定的语言水平和教学水平。但是随着时代的发展，英语教学对教师提出了新的要求，教师除了具备一定的语言水平和教学水平，还要具备较强的科研意识和科研能力。

一名优秀的英语教师不仅是教学的实践者，还应该是科研的参与者，英语教学与学习规律的研究者。长期以来，我国的大学英语教学在很大程度上是照搬国外的英语教学理论和教学方法的。这在一定程度上促进了我国大学英语教学的发展。但是，由于这些理论和方法大多是针对第一语言学习者提出的，而且我国的英语教学具有自己独特的语言文化背景，我国的学习者也有自己独特的生理与心理特点，因此这些理论与方法并不一定完全适合我国的大学英语教学。为了提高我国大学英语教学的水平，我们应在借鉴国外教学理论与教学方法的基础上，充分考虑我国的特色，结合我国的教学实践，通过融合与创新，努力探索具有中国特色的大学英语教学之路。为此，广大英语教师应该结合自己的教学经验和教学实践，总结经验，改进教学方式，并将其中成功的经验上升为新的理论，丰富我国的大学英语教学理论，促进我国大学英语教学的发展。

### （二）师德素养

师德是教师最重要的素养，也是教师从事教育教学活动的前提和基础。师德好坏决定着教师对学生是否关心、对教育事业是否热爱，也影响着教师对教学的追求和对学生人格的塑造。同时，师德还直接影响着学生的成长。因此，英语教师必须具有坚定的理想信念，科学的世界观、人生观、价值观，忠于人民教育事业，具有爱岗敬业的奉献精神，热爱学生。

### （三）人格素养

人格素养是教师素养的综合体现。"学高为师，身正为范"概括了教师的职业特征和专业特征，同时也明确了对现代英语教师的人格要求。一名优秀的英语教师应具有高尚的品德，宽容、谦逊、好学的品质，正确的自我意识，良好的心理素质，幽默风趣的谈吐，和谐的人际关系，端庄的仪表举止，高尚的审美情趣，积极的工作态度以及丰富的知识经验等。这些方面并不是孤立的，而是相互联系、相互影响的。

## 二、学生

学生是英语课堂教学的主体和中心。每个学生都是独特的个体，他们之间存在着各种差异，这些差异尤其体现在语言潜能、认知风格、学习动机、学习态度以及自身性格等方面，而且这些差异使他们理解和掌握新知识的速度和程度不尽相同。这里重点分析一下学生在各方面存在的差异。

## （一）语言潜能差异

语言潜能是学习英语所需要的认知素质，或学习英语的能力倾向，它是一种固定的天资。卡洛尔（J. B. Carroll）提出外语学习能力应包括以下几种。

第一，语音编码、解码能力，即对输入内容进行处理的能力。

第二，归纳性语言学习能力，即对语言材料进行组织和操作能力。

第三，语法敏感性，即从语言材料中推断语言规则的能力。

第四，联想记忆能力，即对新材料进行吸收和同化能力。

不同学生的语言潜能存在差异。在教学过程中，教师应了解学生的语言潜能，因材施教，以收到事半功倍的效果。

## （二）认知风格差异

认知风格是指人在信息加工（包括接受、储存、转化、提取和使用）过程中，表现出来的认知组织和认知功能方面的一贯风格，它既包括个体知觉、记忆、思维等认知过程方面的差异，也包括个体态度、动机等认知功能与认知能力方面的差异。不同的学习个体有不同的认知风格。应该说，不同的认知风格各有其优势和劣势，但这并不代表学生的学习成绩有差别。学生有各自独特的信息加工方式，在学习不同材料时也会各有所长。当学生的认知风格与教师的教学风格、学习环境中的其他因素相吻合时，其学习成绩会更好。因此，教师应了解并尊重学生不同的认知风格，针对不同的学习任务和学习环境因材施教，妥善引导，使自己的教学特点与学生的需要有机联系起来，进而取得更好的教学效果。

## （三）情感因素差异

学生的情感因素差异主要涉及以下几个方面。

1.学习动机

学习动机是指激发个体进行学习活动，维持已引起的学习活动，并使学习行为朝向一定的学习目标的一种内在过程或内部心理状态，是直接推动学生进行英语学习的内部动力，也是影响学生英语学习成绩的一个关键因素。学习动机来源于学习活动，也是学习活动得以开始、维持、完成的重要条件，并影响着学习效果。

### 2.性格

性格是指一个人对现实的态度及其行为方式所表现出来的比较稳定但又可变的心理特征，是学生的重要情感因素，也是决定其英语学习成功与否的关键因素之一。人的性格大体可以分为外向型和内向型两种。埃利斯（R. Ellis）认为，外向型的学生交际方面的学习更突出，因为其喜欢交际，不怕出错，能积极参与英语学习活动，并在活动中寻求更多的学习机会；而内向型的学生在发展认知型学术语言能力上更占优势，因为其善于利用沉静的性格从事阅读和写作。对教师来说，研究学生性格差异的最终目的，是充分了解学生的个体差异和不同的心理状态，发挥不同性格学生的优势，因材施教，以获得更理想的教学效果。

### 3.态度

态度是指个体对待他人或事物的稳定的心理倾向或为达到某种目的而作出的一定努力，是影响英语学习的重要因素之一。态度包括三个方面：情感成分，即对某一个目标的好恶程度；认知成分，即对某一个目标的信念；意动成分，即对某一个目标的行动意向以及实际行动。一般来说，对异文化抱有好感，渴望对异文化有更深的了解的学生，对该文化会持积极的态度，这样就可以获得良好的学习效果。反之，对异文化抱有轻蔑、厌恶甚至仇视态度的学生，则很难认真了解该文化，更谈不上学好语言。此外，学生对学习材料、教学活动的组织形式及对教师的态度，都会影响到他们英语学习的效果。

对学生的个体差异进行分析，能帮助教师根据学生的个体差异制定教学计划，选择合适的教学材料和方法，具有重要的实践意义。

## 三、教学内容

教学内容是连接学生和教师的桥梁，也是教学实践不可或缺的一个重要因素。所谓教学内容，就是指在教学活动中为实现教学目标，师生共同作用的知识、技巧、技能、思想、观点、概念、事实、问题、行为习惯等的总和。教学内容是一种特殊的知识系统，既不同于语言知识本身，也不同于日常经历；教学内容的确定既要考虑英语学科本身的知识体系，又要考虑学生的年龄特点和实际需求等。一般来说，教学内容包括以下几个方面。

## （一）语言知识

基础英语语言知识是学生英语综合运用能力的有机组成部分，是语言学习和语言运用的重要内容之一。没有扎实的语言知识，就不可能拥有较强的语言能力。

## （二）语言技能

听、说、读、写是学生学习和运用语言必备的四项基本语言技能，是其获得综合语言运用能力的重要基础和手段。听是分辨和理解话语的能力；说是运用口语表达思想、输出信息的能力；读是辨认和理解书面语言的能力；写是运用书面语表达思想、输出信息的能力。学生通过大量听、说、读、写的专项练习和综合性语言实践活动，获得综合运用这四种技能的能力，为真实的语言交际活动奠定基础。

## （三）情感态度

所谓情感态度，是指兴趣、动机、自信、意志和合作精神等影响学生学习过程和学习效果的相关因素，还有在学习过程中逐渐形成的爱国意识和国际视野。在教学中，教师应不断激发并强化学生的学习兴趣，引导他们逐渐将兴趣转化为稳定的学习动机，并帮助他们树立自信心，磨炼他们克服困难的意志，使他们认识到自身的优势与不足，乐于与他人合作，最终形成积极向上的品格。

## （四）文化意识

在英语教学中，文化指所学语言国家的历史、地理、风土人情、传统习俗、生活方式、文学艺术、行为规范、价值观念等。对学生来说，接触和了解以英语为母语的国家的文化有益于他们对英语的理解和应用，也有益于加深他们对本国文化的理解，从而提高他们的人文素养。因此，教师在教学中要主动向学生渗透文化意识，并根据学生的年龄特点和认知能力，讲授文化知识，培养他们的文化意识。

## （五）学习策略

学习策略是指学生为有效地学习和发展而采取的各种行动和方法。英语学习的策略包括认知策略、调控策略、交际策略和资源策略等。培养学生的学习策略有助于学生有效地学习英语，为其终身学习奠定基础。运用有效的英语学习策略，可以改进学生的英语学习方式，提升学生的学习效果，还可以让学生学会如何学习，从而培养学生的终身学习能力。因此，教师要有意识地帮助学生掌握适合自己的学习策略，帮助学生对自己的学习过程和效果进行监控和反思，培养学生根据学习风格不断调整学习策略的能力，引导学生观察他人的学习策略，与他人交流学习心得，并尝试不同的学习策略。

### （六）教材

教材是教学内容的重要载体。在新课程改革中，教材是重要的教育教学因素。教材是教师用来教学的材料，也是学生用来学习的材料。简单地说，教材是为教师的教和学生的学服务的，是课堂教学的必备要素。当然，教材是死的，学生是不断变化的，而且任何教材的编写都受编者水平和资料的限制，不可避免地会存在某些不足。如果教师一味地以完成教学任务为目的，忽略学生的感受，按部就班地使用教材，恐怕很难起到促进学生学习的作用。因此，在教学过程中，教师应灵活地处理不同的教材，在课上或课下询问学生的感受，及时调整教学的方法和进度。

## 四、教学环境

任何教学活动都是在一定的教学环境中进行的，教学环境是教学活动的基本要素之一，是开展教学活动的基础。同样，英语教学也必须在现实的英语教学环境中进行，所以英语教学受制于环境这一因素。

### （一）教学环境的构成要素

英语教学环境是指英语教学赖以进行的实际条件，即能稳定教学结构、制约教学运作、促进个体发展的教育条件和环境因素。教学环境是制约和影响英语教学活动效果的外部条件。教学环境主要由以下几个要素构成。

1.社会环境

社会环境是影响和制约英语教学过程的重要因素，它主要指社会制度、国家的教育方针、英语教育政策、经济发展状况、科学技术水平、人文精神、社会群体对英语学习的态度以及社会对英语人才的需求程度等。良好的社会环境是英语教学发展的动力，对英语教学具有重要的导向作用。

**2.学校环境**

学校是为学生提供学习场所和学习手段的最佳环境，它对英语教学的影响更为直接，决定着绝大多数学生英语学习的成败。学校环境主要包括课堂教学、班级规模、教学设施、教学资料、英语课外活动、英语教师，以及其他教职工对英语的态度及其英语水平、校风班风和师生人际关系等。

**3.个人环境**

个人环境主要包括学生的家庭成员、同学、朋友的社会地位、物质生活条件、文化水平、职业特点和对英语学习的态度，成员之间的关系及感情，学生的经济状况、拥有的英语学习设备和用具等。个人环境也会在一定程度上影响学生的英语学习效果。

### （二）教学环境对英语教学的意义

成功的英语语言学习活动离不开各种环境因素。教学环境潜在地影响着教学活动的效果，是学生学习活动赖以进行的主要影响因素。教学环境对英语教学的意义主要表现在以下几个方面：

第一，促使教师在教学中更加努力地营造良好的英语课堂教学环境，充分利用现代化教学手段与教学资源，优化教学环境，提高学生对英语的运用能力。

第二，可以帮助教师正确认识环境对学生英语学习的客观影响，结合我国的英语教学实际，理性地分析、判断和选择外国的英语教学理论和教学方法。

第三，可以帮助教师有效地加工语言输入材料，科学地设计语言练习活动，创设良好的课堂英语使用环境。

第四，有利于教师在不断的学习和实践中优化课堂教学策略，在创设良好的英语教学环境的过程中提高自身的教学素质。

## 五、教学方法

语言教学教无定法，贵在得法。在英语教学历史上，有多种教学方法都曾经发挥过重要作用，有效地促进了英语教学的发展。例如翻译法、直接法、自觉对比、听说法、视听法、认知法、功能法，以及由此派生出来的口语法、全身反应法、自然法、沉默法、暗示法、交际法等。但是，实践证明，没有哪一种教学方法是最好的、最有效的，也没有哪一种教学方法适用于所有时期、所有地区、所有教学内容。如果一个教师在英语教学中采用单一的教学方法，必然会使学生感到厌烦。而且，不同的教学方法对不同的语言知识、语言技能各有侧重，教师只有灵活地运用各种教学方法，才能有效促进学生英语能力的提高，才能有效促进学生英语水平的全面发展。

## 第四节　大学英语教学的基本原则

在大学英语教学中，教师应该注意无论使用什么样的教学方法，都必须以学生的语言交际为教学的出发点，尽量将教学与日常实际生活联系起来，鼓励学生创造性地、有目的地运用已经掌握的语言材料，在新的生活场景中重新组织语句，表达自己的感情。同时，教师应尽量使教学过程交际化，从实际生活中选择教学内容，并遵循一定的教学原则。

### 一、以学生为中心原则

学生是教学活动的主体与内在因素，英语教学要以学生为中心，充分发挥学生的主观能动性，提高教学效率。在大学英语教学中，坚持以学生为中心的原则要求教师从以下两个方面着手：教材分析要以学生为中心，教学方法和手段的选择要以学生为中心。

（一）教材分析要以学生为中心

在进行教材分析时，教师应充分理解并把握教学内容，了解学生所处的不同阶段的实际情况以及学生的学习能力状况，以此作为调整教学目标与任务的依据；教师还要根据学生的需要，对教材内容和活动进行最优化处理，使教材与学生的经验与体验结合起来，将教材内容变成师生对话的中介，使教材更好地服务于教学。

### (二)教学方法和手段的选择要以学生为中心

在大学英语教学过程中,教师应选取多样化的教学方法和手段,做到以学生为中心。直观的教学方法可以使学生直接感受和理解语言,视、听、说等手段可以激发学生参与学习的兴趣,强化学生的记忆。形象化的教学手段可以激发学生的发散性思维,因此教师可选择一些利于激发学生兴趣和好奇心的媒介,如幻灯片、投影、模型、录音、图片等,使他们积极地参与课堂学习,自然地感知语言,满足他们多样化的学习需求。

## 二、循序渐进原则

大学英语教学的循序渐进原则主要有以下三层含义。

第一,语言的学习应从口语开始,然后逐渐过渡到书面语。英语包括两种形式:口语和书面语,且口语的出现时间早于书面语。与书面语相比,口语词汇通常较为常用,句子结构简单,学习起来比较容易。学生通过口语的学习可以快速地获得交际技能,满足日常交际的需要,这样就达到了学用结合的目的。

第二,就听、说、读、写等语言技能的培养而言,教师应首先侧重培养学生的"听、说"能力,逐渐过渡到"读、写"技能的培养上。听、说、读、写是英语的四项基本技能,应该全面发展,但是在不同的阶段,侧重点应有所不同。"听、说"教学能使学生掌握基础的语言知识,包括语音、词汇、句子结构等,这为"读、写"能力的培养奠定了基础。因此,在英语教学的初级阶段,教师应加强"听、说"教学,然后逐步向"读、写"教学过渡。

第三,英语语言知识、语言技能的获得以及语言使用能力的提高是一个循序渐进的过程。英语学习是一个螺旋式发展的过程,是一种反复的循环,但这种循环并非单一地进行重复,每一次重复在难度和深度上都有所加强。此外,循序渐进原则还要求教师在教学中做到以旧带新。因此,教师应以学生已有的语言知识和已熟悉的语言技能为出发点,传授新知识,培养新技能。

## 三、输入优先原则

大学英语教学要坚持输入优先原则。所谓输入和输出，是指学生通过听和读接触英语语言材料，通过说和写来进行表达。语言输入的量越大、质量越好，学生语言输出的能力就越强。可见，输入是输出的基础。

输入优先原则的主要依据是埃利斯（R. Ellis）在其著作《理解第二语言习得》（*Understanding Second Language Acquisition*）一书中对语言输入三个方面特点的总结和归纳：①可理解性，指学习者可以理解所输入的语言材料；②趣味性和恰当性，指学习者对所输入的语言材料感兴趣；③足够的输入量。足够的输入量在英语教学中也至关重要，但目前英语教学对这一点不够重视。

基于埃利斯对语言输入三个方面特点的总结，在大学英语教学中贯彻输入优先原则时要注意以下几个方面的内容。

### （一）注重输入内容和输入形式的多样化

输入形式可以包括声音、图像、文字等，语言题材和体裁要广泛，内容来源要丰富。例如，利用学生在日常生活中每天都会接触的文具、衣服、道路标志、电器等输入英语，就可以帮助学生在潜意识中学到更多英语知识。

### （二）尽可能多地让学生接触英语

教师可以通过视听、泛读等多种手段，尽可能多地让学生接触英语，多给学生可理解的语言输入。教师应打破课内外的界限，利用声像材料，以及那些贴近学生日常生活、适合学生的英语水平、具有时代特色的读物等，扩大学生的语言接触面，增加学生的语言输入量，以便学生更好地学习英语。

### （三）着重强调学生的理解能力

教师为学生提供的语言材料要贴合学生的实际情况，具有可理解性与趣味性。向学生输入的材料要符合学生的现有水平，只要求学生理解，不必刻意要求学生即刻输出。就教学方法而言，这也坚持了先输入、后输出的原则。然而学生仅依靠语言的输入不可能掌握英语并形成综合运用英语的能力,还需要通过适当的口头和笔头的表达来检验和促进语言的输入。

### (四)鼓励学生进行模仿

最有效的模仿就是模拟生活中的真实情境,换句话说,模仿最好是让学生身临其境,让他们自由地使用所要模仿的语言。例如,在结对练习、小组练习的时候,让学生根据实际情况使用所学语言,这样才能把声音和语言的意义结合起来,让学生乐于在课外运用所学语言。也就是说,模仿是在优先输入语言的基础上,对语言进行的有效练习和输出实践。

## 四、兴趣性原则

在大学英语教学中,教师应意识到兴趣的巨大作用,尽可能调动学生的内在动机,激发学生学习英语的主观愿望,以获得更好的教学效果。在大学英语教学中,教师可以从以下几个方面来调动学生的学习兴趣。

### (一)尊重学生的主体性,充分了解学生的特点

教师必须清楚地认识到学生是英语课堂的主体,只有让学生进行积极主动的尝试与创造,学生才能获得更多的知识,发展自己的语言能力,教学活动也才能达到预期的效果。教师要根据学生的心理特点和生理特点,遵循语言学习规律,采用多种教学方式,让学生通过体验和实践进行学习,从而形成语感,提高自己的交流能力。

### (二)转变传统的教学方式及测试方式

教师要改变传统的教学方式以及传统的英语测试方式。英语学习需要一定的死记硬背和机械训练,但是如果机械训练太多,则很容易使学生降低甚至失去学习英语的兴趣。为此,教师应该以学生感兴趣的方式帮助学生获取知识,使他们在获得交际能力的同时,综合素质也得到相应提高。

### （三）对教材进行深度挖掘

教师在备课过程中，应认真地研究教材，挖掘教材中学生感兴趣的内容与话题，使每节课都有让学生感兴趣的内容，以最大限度地调动学生的学习积极性。

## 五、系统性原则

在大学英语教学过程中遵循系统性原则，目的是使学生对所学内容有比较系统、完整的了解，从而在各部分知识之间和新旧知识之间建立有机的联系，在消化所学内容时思路更清晰、更有层次性。具体来说，系统性原则主要包括以下几点。

### （一）系统地安排教学工作

英语教学工作的安排要有计划性，要做到以下几点。

1.有计划地备课

例如，讲一篇课文要用8个课时，在备课时要一次备完，不能今天上两节课就备两节课的内容。

2.讲解要形成体系

教师的讲解要逐步深入、条理分明、前后连贯、新旧联系、突出重点，一环套一环，一课套一课，形成一个体系。

3.注重教学步骤和培养技能的方法

教学的步骤和培养技能的方法应符合学生学习语言的规律，教师要根据课程的最终教学目的，由易到难逐步提高要求。

4.有计划地安排练习、布置家庭作业

教师要先进行训练性练习，再进行检查性练习。此外，相同的练习形式也要有不同的要求。教师在布置家庭作业时应紧密结合讲课的重点，有明确的目的，课内、课外要全面考虑。

5.做好对学生的监督工作

教师要经常检查学生掌握知识和技能的情况，每堂课要对学生进行提问并做相应的记录，这可以对学生起到督促作用。另外，教师不能仅凭自己的印象来评定学生的平时成绩，对学生平时所做的练习和作业都要有记录。

### （二）系统地安排教学内容

教师教学内容的安排要有严密的计划和顺序。例如，在进行教材教学时，教师应按教材的安排特点和班级的情况合理地组织授课内容，确定讲课的重点。当出现一个生词时，不要急于一次把这个生词的所有意义、用法全部教给学生；当出现一条新的语法规则时，不要急于一次把这条规则的相关知识全部教给学生，要将知识分步教给学生。总之，教学内容的安排应服从教学计划，这样才能由浅入深、由易到难。

### （三）系统地安排学生学习

教师要指导学生循序渐进地进行学习，告诉学生学习要保持持久性和连贯性。教师在教育学生时要有恒心，及时地带领学生进行复习，做好功课。此外，教师还要指导学生正确地处理学习和考试的关系。教师可以要求学生将学习重心放在平时，平时的训练要从难、从严，要坚决反对那种平时学习不努力，期末考试临时抱佛脚的做法。此外，教师还要经常关注学生的学习方法，并针对学生的个性特点安排教学工作。

## 六、真实性原则

英语教育专家鲁子问指出："在英语教学中，坚持真实性原则就是要在教学各个环节上做到真实，以培养学生综合语言运用能力为总目标，以交际法和任务型教学为策略，在真实环境中获得真实语言能力。"保持语言运用的真实性是真实性原则的重要内容。在大学英语教学中，教师要做到以下几点：以真实的语言运用为目的，采用真实的教学内容，组织真实的教学活动，设计真实的教学检测评估方案。

### （一）以真实的语言运用为目的

英语教学的最终目的是培养学生的综合语言运用能力，这种能力实际上也是一种语言运用目的。这里的语言运用目的是指教学内容体现在语言运用能力方面的教学目的，主要表现在以下三个方面：①对语句的运用；②对对话的运用；③对短文的运用。

## （二）采用真实的教学内容

在教学开始之前，教师应从语言运用的角度对课文进行全面分析，研究语句使用的真实语境，准确把握课文中所有语句的内涵，选用合适的例句与习题。这样就可以保证在教学时采用真实的教学内容，从而保证学生获得良好的英语运用能力。

## （三）组织真实的教学活动

对学生语言运用能力的培养应贯穿整个英语教学过程，因此教师应基于这一指导思想来设计教学活动，将语言运用能力的培养与呈现、讲解、例释、训练、巩固等课堂教学活动紧密结合起来。

## （四）设计真实的教学检测评估方案

教学检测评估对教与学都具有重要的作用。设计真实的教学检测评估方案，可以找出学生语言运用方面存在的不足之处，从而对教学活动进行有针对性的调整与改进。此外，真实的教学检测评估方案还能引导学生在学习中更好地把握和运用学习内容，强化学生主动运用英语的意识。

# 七、课内外活动相结合原则

在英语教学实践中，要遵循课内与课外活动相结合原则，这主要是因为课内与课外活动之间存在互补性，具体体现在以下两个方面。

## （一）课外活动具有自愿性和选择性

学生可以根据自己的兴趣爱好自愿选择感兴趣的活动。课内活动一般是非自愿的，也是无法自由选择的，因为课内活动必须按照规定的教学大纲有序进行，一般有统一的课程和课时，这样可以保证全班同学在相同的教育过程中保持相同的步调，既有利于培养学生个性的共同点，又有利于学生系统地习得语言知识。而课外活动基本上以学生的兴趣为主，尊重学生的个人意愿。

## （二）课外活动更能培养学生的自主学习能力

课外活动是真正以学生为中心，由学生独立进行和完成的教学活动，教师只是在学生需要的情况下提供适当的帮助，因此课外活动更能发挥学生的主动性和独立性，更能培养学生自主学习的能力。相对而言，课堂教学活动则具有一定的局限性。尽管我们一直提倡课堂教学要以学生为中心，但实践起来并非易事，往往会遇到各种各样的困难。

根据目前我国大学英语的教学现状，为了更好地将课堂教学与课外活动相结合，发挥它们的互补作用，教师要在优化课堂教学的同时，加强课外活动，具体可从以下两个方面着手。

一是激发学生在课堂活动中的主体积极性。课堂教学实际上是教师与学生以教学影响为中介的交互作用过程，这个过程能否发挥交互作用，很大程度上取决于学生的主体积极性。因此，如何激发学生的主体积极性就成为贯穿整个英语课堂教学的问题。

二是减少课堂教学时间，提高课堂教学效率。目前，课外活动时间过少是普遍现象。在苏霍姆林斯基管理的帕夫雷什中学里，只有上午是课内教学时间，整个下午均为课外活动时间。但在我国，学校教学基本上等同于课堂教学，课外活动少之又少，这对学生个性的发展，学生的兴趣、爱好的培养非常不利。

学生的潜能和优势得不到发挥，学生的创造性得不到激发，学生的综合素质自然也无法得到提高。因此，各高校要减少课堂教学时间，增加课外活动时间。与此同时，各高校还要提高课堂教学的效率，即师生要以最少的时间和体力消耗，取得最好的教学成果。只有在减少教学时间的同时提高教学效率，才能保证整体的教学质量。

# 八、合理使用母语原则

在大学英语教学中，教师应引导学生多说英语、多用英语，但这并不意味着不能使用母语。在英语课堂上教师可以合理使用母语，利用母语优势帮助学生理解学习过程中的难点，这对强化教学效果十分有益。合理使用母语原则包括在英语教学中利用母语的优势和避免母语的干扰两个方面。

## （一）利用母语的优势

教师在教学中要学会利用母语的优势，借助汉语对一些词义抽象的单词和复杂的句子加以解释。英语学习是在学生已熟练掌握母语之后进行的学习实践。学生在英语学习之前已经对时间、地点以及空间等概念有了认识，已学会了表达这些概念的语言手段，况且英、汉两种语言在结构和使用上也存在许多差异，这些语言差异往往会成为英语学习的障碍。因此，利用母语对某些难以理解的内容进行解释，可以帮助学生更快、更好地学习和掌握英语的某些概念。适当地使用母语进行教学，有助于学生理解母语和英语之间的差异，了解英语结构和规则的特点，有助于师生之间的顺利沟通，从而提升教学和学习效果。

## （二）避免母语的干扰

在实际教学中，母语交际先于英语的学习且已基本上被学生熟练掌握。英语学习是一个相当复杂的过程，母语的使用习惯可能会给英语学习带来阻碍。在学习英语的过程中适当使用母语，用母语简单讲授英、汉两种语言在某一结构、某一用法上的差异和特点是可以的，但对母语优势的利用一定要掌握一个度，避免母语的使用规则对英语学习形成干扰。

# 九、最优化原则

在大学英语教学中，最优化原则体现在某一方面知识内容的教学中，具体表现在以下几个方面：教学媒体选择最优化；教法选择最优化；结构安排最优化；角色搭配最优化；具体运用最优化。另外，教师还要针对在非母语环境下进行英语教学的现状，努力营造轻松、自然的语言氛围，促进学生的语言习得。

例如，多媒体软件和课件要便于学生操作和控制。具体来说，课件的内容、布局、导航图标性能、菜单功能设计以及学生的自由度，是影响学生操作和控制课件的主要因素。为了提高学习效率，减少学生的焦虑感，增强他们的学习兴趣和信心，课件的选择应该从学生的需要出发，尽可能地使课件使用起来更方便。

# 第五节 我国大学英语教学现状分析

我国的大学英语教学受到传统教学方法的影响,在发展过程中出现了很多问题。下面对当前大学英语教学的现状进行分析,从而为更加科学地进行大学英语教学改革提供指导。

## 一、教学模式单一,教材选用不当

在我国很多地方的大学英语教学中,都存在教学模式单一的问题。在教学过程中,教师是教学的中心,通过黑板、粉笔、课本进行固定的教学活动。随着多媒体技术的发展,虽然大学英语教学活动变得更加丰富,但教师的教学仍然采取单向的知识灌输方式,忽视了学生在学习中的主体地位。

造成以上现象的主要原因是教师没有从根本上摆脱传统教学观念的束缚。在这种单调乏味的教学模式中,教师基本采取"满堂灌"的教学方法,师生、生生之间不能有效互动,学生的交际能力也无法得到有效提高。对于教师而言,教学过程变成了简单的动作重复,缺乏创新。由于接受知识的过程枯燥无趣,处于被动地位的学生的课堂学习效率十分低下。

另外,教材是大学英语教学的纲领性材料,对教学质量和学生语言能力的提高有着重要的影响。但是,我国使用的大学英语教材还存在一些问题,这严重影响了教学质量的提高。教材的编写受到教学大纲的限制,其所附录的词汇在很大程度上与大学之前阶段的词汇重复。有关调查结果显示,大学阶段要求学生掌握的 4 200 个单词中,有 1 800 个是中学的词汇。

随着学生学习阶段的不断推进,英语词汇表中的词汇也应该不断更新,或者在释义上至少要在中学词汇表的基础上有所延伸和拓展。另外,当代大学英语教材在内容的选择上多以文学、政论为主,而忽视了实用性内容,这不利于培养学生的英语应用能力。此外,大学英语教材的更新速度缓慢,有的教材甚至连续使用了十几年。

由于传统大学英语教学对口语要求较低,所以教材中很少有实用性很强的口语练习。虽然现在越来越多的重视实用性的新教材不断出现,但是有些教材内容太过简单,不利于提高学生的英语水平；有些教材一味地增加口语练习，导致与上一阶段的学习脱节，这些教材都不能达到理想的教学和学习效果。

## 二、能力培养失衡，师资力量匮乏

众所周知，语言具备两套系统：表达形式和表达功能。但是，目前我国的大学英语教学过分重视语言表达形式的教学，忽视了对学生语言表达能力的培养。虽然英语教学大纲对大学英语的教学目标提出了明确的要求："培养学生具备必要的英语语言基础知识，具有较强的阅读能力和一定的听、说、读、写、译能力，使他们能用英语交流信息，能借助词典阅读和翻译有关英语业务资料，也应强调培养学生运用英语进行有关涉外业务工作的能力，在涉外交际的日常活动和业务活动中进行简单的口头和书面交流。"但是，有相当一部分学生实际运用英语的能力并不强，听、说能力较差，在实际生活中"听不懂，说不出"。造成这种情况的原因是多方面的，主要原因如下。

第一，与大学英语四、六级考试这种单纯的分析性考试密切相关。

第二，与教学中一直以来强调的记忆式学习有关。教师只注重英语知识的积累，却忽视了让学生运用这些知识去交流。

第三，与社会环境有关。学生在课堂上学习到的英语知识在实际生活中没有机会进行运用。

总的来说，英语教学严重忽视了对学生语言表达能力的培养，导致学生语言能力发展失衡。当前的社会是一个信息型社会，英语作为获取外语信息的主要语言工具之一，其重要作用必须引起我们的重视。目前，我国高等教育院校不断扩招，这必然会造成英语教师师资不足。大学英语教师的教学任务十分繁重，大部分英语教师都是超负荷工作。他们要备课、进行教学设计、批改作业、在课后为学生答疑解惑、进行科学研究等活动，过重的教学工作和任务使教师牺牲了很多自学的时间，很少有机会进行专业进修和休息调整。这些都不利于英语教师提高工作效率，也不利于他们的身心健康。

## 三、文化意识淡薄，忽视主体作用

目前，我国大学英语教学活动还停留在传统的语言教学层面，很少有文化教学。造成这一现象的原因主要有以下三个方面。

一是教师自身所受的教育是传统的英语教育，因此教师的教学观念往往较为落后。在大学英语课堂教学中，大部分英语教师只关注学生掌握语言形式的正确性，很少介绍英语文化知识及如何正确运用语言形式。有些教师担心进行文化教学会增加学生的学习负担，很少把时间花在文化教学上。还有些教师认为，学生记住单词、掌握语法知识就算是学好了英语，没有必要学习文化知识。

二是缺少英语学习的社会环境，教师本身掌握的跨文化知识也比较零散、琐碎。

三是教师的教学任务十分繁重，他们很少有时间和精力进行文化教学研究，导致他们没有时间学习英语文化知识。

另外，在我国大学英语教学中，长期贯彻"以教师为主"的原则，忽视了学生的主体作用。通常情况下，教师对知识的讲授占去了课堂的大部分时间，很少给学生提供主动参与的机会，使学生成了语言知识的被动接受者。大学英语教学的主要任务是学生的"学"，而不是教师的"教"。正如科德（S. P. Corder）所说："有效的语言教学不应违背自然过程，而应适应自然过程；不应阻碍学习，而应有助于学习并促进学习；不能令学生去适应教师和教材，而应让教师和教材去适应学生。"在这里，"自然过程"指的就是让学生成为英语语言知识主动、积极的学习者。

英语课是一门实践性很强的课程。学生只有通过大量的实践活动，才能培养和提高其语言技能，因此英语课程的教学效果应以学生的学习效果为依据，而学习效果在很大程度上取决于学生的主观能动性和参与性。认知理论认为，英语学习的过程就是新旧语言知识不断结合的过程，也是语言能力从理论知识转换为自动应用的过程。而这种结合与转换都只有通过学生的自身活动才能实现。但在我国的大学英语教学中，学生的主观能动性和参与性被忽略了，这些都阻碍了大学英语教学的进一步发展。

## 四、忽视兴趣培养，偏离教学目标

我国的大学英语教学还普遍存在着忽视对学生学习语言的兴趣进行培养的问题。乏味的"填鸭式"教学，成千上万的单词，繁杂的语法规则无不让学生对英语学习望而生畏，更谈不上产生兴趣了。同时，现在的学生还要面临各种各样的考试压力，学生们疲于应付，长期埋首题海中无法脱身。在这样的学习环境下，学生只会把学习语言当作繁重的任务和沉重的负担，而不是需求和享受，学生提到英语学习就会产生紧张、害怕的情绪。这样是很难学好语言的。

虽然大学英语教学与大学英语四、六级考试之间并无必然联系，考试只是院校自主选择参加的，用于评定英语教学质量的方式之一。但是，由于大学英语四、六级考试是国家组织的全国性考试，同时也是用人单位评聘人才的重要依据之一，所以考试的通过率成为很多高校英语教学的主要目标。一些高校片面利用大学英语四、六级考试结果来评价英语教学工作，这种做法在一定程度上影响了英语教师的教学工作，给贯彻执行英语教学大纲所规定的教学目标和要求造成了阻碍，同时也增加了教师的心理负担。

为了应付考试，教师把大部分时间都花在了语法和词汇教学上，而学生则把时间花在了模拟试题上，大搞题海战术。在这个过程中，学生只是追求标准的答案，过分依赖教师的讲解，忽视课堂讨论等交际活动，这就导致学生的应试能力较强，而交际运用能力却得不到提高。虽然学生在考试中游刃有余，但是在真正需要和以英语为母语的人士进行交流时，却显得手足无措。

总之，当代大学英语教学的现状不容乐观，存在很多问题。总结起来就是：过分注重表达形式而忽视表达功能，形成了"以教师为中心"的教学模式；教学中忽视学生的主体作用，造成了学生学习的被动性和依赖性；"满堂灌"的教学方法大行其道，不仅不利于培养学生的学习兴趣，而且学生的语言表达能力也无法得到提高。这些问题是造成当代大学英语教学出现"费时低效""哑巴英语"等现象的主要原因。可见，现阶段的大学英语教学远远不能适应新时代国际竞争的要求，迫切需要对大学英语教学方法与策略进行研究。

# 第二章 大学英语教学方法

## 第一节 传统教学法

### 一、语法翻译法

16世纪之前,拉丁语作为欧洲各国的官方语言,不仅用于教育、商务和政府公务等领域,也用于日常的口语交际。然而到了16世纪,随着罗马帝国的衰落,法语、意大利语和英语取代了拉丁语的地位,开始逐渐成为通用语言。拉丁语虽然不再是一门"活"的语言,但成为欧洲学校中的一门重要课程。16世纪至18世纪的英国开设有"文法学校",学生要接受严格的拉丁文法训练,背诵语法规则、变位和词形变化,并且借助双语对照的语篇进行翻译和写作练习。具备一定的基础知识之后,学生就进一步学习高级语法知识和修辞知识。拉丁语的学习被认为是训练推理能力及观察、比较和综合能力的良好方式,有助于训练学生的心智,培养其人文素质。18世纪,英语、法语等现代语言作为外语进入欧洲学校之后,人们自然而然地沿用了教授拉丁文的方法。这种教学法因比较重视语法、阅读和翻译,被人们称为"语法翻译法",它也是世界上使用时间最长、影响范围最广的一种教学法。

语法翻译法的语言学基础是萌芽于18世纪晚期,盛行于19世纪的历史比较语言学。历史比较语言学主要研究语言的发展史,通过比较各种不同时期的语言在语音、词形、曲折变化、语法结构上的相同点来建立语言谱系,考察语言和民族心理的关系。

语法翻译法的心理学基础是18世纪形成于德国的官能心理学。官能心理学认为,各种官能(如记忆力、理解力等)可以相互分离,单独地加以训练和培养。背诵无意义的复杂的语言形式能发展记忆能力,进行繁杂的语法训练可以发展心智。因此,语法翻译法主张在外语教学中通过死记硬背语法知识来发展学生的思维能力,磨炼学生的意志。

语法翻译法的教学目标是教会学生阅读和欣赏经典著作,通过对目的语的语法分析和翻译来更好地了解本族语。教材围绕语法知识进行组织和编写,每一单元包括一篇外语文章和一个双语对照生词表,教材使用本族语解释课文中出现的语法知识点、练习题(翻译或关于语法知识点的问答题)。课堂上,教师利用大量时间讲解语法,偶尔让学生做翻译练习,大声朗读课文并解释所读内容。在这一教学过程中,掌握口语不是外语学习的目标,口语练习通常指大声朗读单词、句子或段落。翻译练习所用的句子是为了体现语法规则而生造的。

总的来说,语法翻译法有以下几个特点。

### (一)重视语法教学

学生先学习和每一单元的课文相关的语法规则,背双语对照生词表。语法教学采用演绎法,大量而细致地讲解语法规则,然后在阅读和翻译练习中引导学生理解、运用、巩固语法规则。

### (二)重视语言对比

在教学过程中,要对目的语和本族语进行词汇、语法、结构等方面的比较。外语教学的目的是实现两种语言之间的转换,必要的时候可借助词典。翻译是检验学生掌握的语法规则和阅读能力的重要手段。

### (三)重读写,轻听说

语法翻译法把口语和书面语分离开来,认为外语学习的目标是阅读经典,开发心智,所以培养"读写"能力是教学的主要内容。教师通常重视阅读能力的培养,忽视听说能力的训练和语言技能的培养。

### (四)充分利用本族语

通常,教师用本族语组织教学,用本族语讲解语法规则。课堂上的主要活动是对语法规则的系统讲解和对课文句子的翻译。

由上述特点可以看出,语法翻译法的教学效果往往不能令人满意:一些学生虽然经过多年严格的语法翻译训练,在实际交流中却听不懂简单的对话。这种教学法由于过多地依靠本族语，忽视听说能力的培养，忽视学生的认知情感等因素，因而练习形式比较单一，课堂教学气氛沉闷，在现代语言教学史上受到诸多批判。

几乎所有的外语教学研究者都批评过语法翻译法，他们深信一定有更好的教授外语的方法。然而，语法翻译法经受住了近代外语教学改革的冲击，至今仍有广阔的市场。一种教学法能够延续几百年，说明它有诸多的合理性。语法翻译法重视学生的智力因素，重视培养学生的阅读和翻译能力。事实证明，语法翻译法培养出了大批具备阅读和翻译能力的人才。在以培养阅读能力为首要教学目的的情况下，它不失为一种不错的教学方法。

语法翻译法之所以有着较强的生命力，主要得益于它简便易行和适应性强的特点。第一，目标语不流利的教师也可进行大班教学。语法翻译法对教师的外语水平、组织教学的能力、备课授课的负担、教学设备、班级编制等方面的要求较低。因此，在师资和教学设备较差、班级规模大、教师工作量较大或积极性不高的条件下，语法翻译法往往备受青睐。第二，有助于学生的自学。在语法翻译法理念指导下编写的教材可供学生课外自学使用，从入门到高阶，各种水平的学生均可找到适合自己的材料进行阅读和练习。第三，可以适应不断变化的语言学与心理学理论。第四，语法翻译法在实践中不断得到改进。早期的语法翻译法过分强调对语言形式的学习，对词汇有所忽略，不利于学生阅读课文、理解课文。后来，法国和英国的教育家提出"词汇翻译法"，重视词汇的翻译，对学生掌握词义、理解语言材料有较大的帮助。另外，还有德国提出的"翻译比较法"，主张通过对比翻译的实践来理解语言材料的内容，开始关注本族语和目的语的差异以及学生对目的语的掌握。20世纪的语法翻译法被称为"近代翻译法"。近代翻译法具有以下几个特点：在教学中注重语音、语法、词汇相结合，以语法为主线；重视阅读能力和翻译能力的培养，兼顾听说训练；以本族语为中介，翻译既是教学手段，又是教学目的。

总之，在语言教学理论的影响以及自身的不断调整下，当代的语法翻译法有了很大的发展，不再完全以语法规则为中心，教学活动也开始关注交际能力的培养。语法翻译法简便易行和适应性强的优势使它在外语教学史上一直没有被完全摒弃，可以说，新的教学方法发展了语法翻译法，吸取了其中的有益部分，弥补了其不足之处。

## 二、直接法

19世纪中后期,欧美各国之间商业发展迅速,政治、经济交流往来日益频繁,社会迫切需要掌握外语并能用外语进行口头交际的外语人才。外语学习的目的出现了实质性的变化,不再只是阅读经典和磨炼心智,而变成了一种社会实际需要,口语也日益重要。因为语法翻译法不能有效地培养口语能力,所以一些学者开始倡导外语教学改革,"直接法"便出现了。直接法有关理论认为,语言的本质是一整套说话的习惯。它主张学习外语应该像幼儿学习母语那样,反复操练从而达到脱口而出的程度,其最终目的是使学生具备听说、口译的能力。19世纪末到20世纪20年代是直接法盛行的时期,欧美许多教学机构和教师都竞相使用这一方法。

直接法的语言学基础是19世纪西欧出现的新语法学派的理论。19世纪80年代,国际语音学会的成立和国际音标的制定,使语音系统的描写分析与传授成为可能,标志着直接法的成熟。

国际语音学会的早期目标之一就是推动现代语言教学的发展,该学会有五项主张:①教授口语;②进行语音训练以形成良好的发音习惯;③采用对话体课文以教授口语短语及习语;④用归纳法教授语法;⑤意义的教学依赖于目的语而非本族语。

除此之外,外语教学法有四条发展原则:①仔细选择教学内容;②确定教学范围;③教授听、说、读、写四项技能;④教材内容的编排遵循先易后难的顺序。

有学者将直接法定义为:"是教授外语,特别是现代外语的一种方法,它通过外语本身进行的会话、交流和阅读来教外语,而不用学生的母语,不用翻译,也不用形式语法(第一批词通过指示实物、图画或演示动作等办法来教)。"直接法主张把目的语和它所表达的事物直接联系起来,不借助学生的母语,直接学习、直接理解、直接运用目的语。它有以下几个特点。

第一,重视口语教学和语音训练,强调模仿。直接法以培养口语能力为主要目标,强调纯正自然的语音语调,以句子为单位,主要采用问答的方式教学。直接法认为语言是一种习惯,习惯的养成在于多模仿、多练习。

第二,用归纳法教语法。初级阶段不进行系统的语法教学,而是在学生掌握大量的实际语言材料之后,引导其归纳、总结语法规则。在高级阶段需要讲解语法时,使用目的语教授。

第三，尽量避免使用母语和翻译。采用动作、情境、实物、图画等直观手段来代替母语的释义功能，以建立意义与形式间的直接联系。阅读目标的实现也是基于对语篇的直接理解，使外语与思维直接产生联系，而不借助词典或翻译。

第四，关注目的语文化。直接法要求教师在课堂上创设生动有趣的情境为学生提供了解和使用目的语的机会，教学使用的图画通常也是围绕目的语国家日常生活涉及的口语活动情境来精心设计的。

直接法强调不以本族语为中介，直接学习目的语，主张用教学生学习本族语的方式学习外语，注重在实践中培养语言习惯，重视语音和口语教学，利用直观教具等。这些特点有利于激发学生的学习兴趣，能有效地培养学生的听说能力，以及用外语思维、记忆、表达的习惯。然而，直接法在处理本族语与外语、口语与书面语等关系上存在着简单化、片面化的倾向。它过分强调了学生学习外语和学习母语之间的共性，将外语学习等同于母语学习，在外语教学中照搬学生学习母语的方法。母语习得和外语学习是存在差异的。学生在习得母语时，只具备先天的语言习得能力。而学生在学习外语时，已经具有母语知识、世界知识和互动技能。就习得过程而言，母语习得基本上是学生认知逐渐成熟的过程，而外语学习却是母语能力迁移的过程。因此，忽略二者之间的差异是不符合客观规律的。

直接法的缺点还在于没有认识到本族语的作用，在外语教学中一味排斥本族语的使用，给教学带来不必要的困难。为了避免使用本族语，对于一些用本族语可以"一语道破"的词语，教师却要费尽心思地用目的语去进行冗长复杂的解释。直接法不对语法进行直接明晰的解释，会导致学生缺乏目的语的必要知识，难以认识到语言使用中的错误。直接法要求教师具备一定的外语水平，重视口语练习，适合小班上课，大多数公立学校很难满足这些要求。

随着20世纪40年代"听说法"的出现，直接法渐渐淡出外语教学的历史舞台。相对于语法翻译法，直接法主张教授"活"的语言，突出了外语教学的本质。直接法与语法翻译法奠定了外语教学的传统，此后的外语教学法大多是在二者的基础上改进形成的，或偏向阅读，或偏向口语交际，依其教学目的和培养目标而变化。可以说，直接法是外语教学史上的一大进步，它对后世的外语教学产生了深远的影响，为后来产生的听说法、视听法、认知法等现代教学法的发展打下了基础。

## 三、听说法

听说法是以口语为中心、以句型或结构为纲要，重视语音语调，强调模仿，着重培养听说能力的外语教学法体系，也被称为"陆军法""口语法""结构法（句型法）"。

听说法的语言学基础是结构主义语言学，也称作描写语言学。结构主义语言学强调口语的第一性，把语言看作一个由各种小的语言单位根据语法规则组合起来的结构系统。该理论把千变万化的言语分析归纳为有限的句型结构，认为扩展、替换和掌握有限的句型结构就能掌握运用外语的能力。结构主义语言学家提出了新的语言教学原则：①语言是口语，而不是文字；②语言是一套习惯；③教语言，而不是教语言知识；④语言是本族语使用者说的话，而不是某人认为应该怎样说的话；⑤语言各不相同。

听说法的教学目标是培养学生具备本族语者的语言能力，让学生最终学会"不自觉地"运用所学新语言。这一教学法认为，口语是语言的基础而结构是培养说话能力的核心。学生在设定的情景中操练所呈现的语言结构，更易形成目的语的说话习惯，掌握语言的实质。其主要特点如下。

第一，听说领先，读写跟上。听说法把听说能力的培养当作外语教学的主要目标和培养读写能力的基础，严格按照听—说—读—写的次序进行教学。先学习"听说"，然后"读写"已经会"听说"的内容。

第二，反复操练，形成习惯。结构主义语言学家认为语言是一套习惯。外语学习是行为习惯的形成过程，良好的习惯形成于正确的反应，要靠持久的模仿、记忆和反复练习。在操练过程中强调及时纠错。

第三，以句型为中心。结构主义语言学家把语言看作一个由各种小的语言单位根据语法规则组合起来的结构系统，而句型是最基本的结构句型。教学主要通过外语与母语句子结构对比，根据由易到难的顺序进行安排，以突出句型的重点和难点。

第四，限制使用母语。既然语言是一套习惯，那么就应当把宝贵的时间全部用于外语的模仿、记忆与操练。因此，在课堂教学中，要尽量不用或少用母语和翻译。

第五，用归纳法教语法。语法教学是手段，不是目的，是为了帮助学生正确地模仿新的语言形式、进行练习和养成语言习惯。语法教学靠归纳性的类推，而不是演绎性的解释。类推过程包括归纳和辨别，要在充分操练之后再对语法规则进行简要的解释。

第六，重视文化的教学。学生掌握了标准的语音和地道的口语，具备在一定程度上应对目的语国家的日常生活情景的交际能力。

第七，充分利用现代化教学技术和手段。听说法大量使用录音机、录像机等视听设备进行句型结构的操练。

第八，教师是课堂的中心。课堂上的语言学习主要通过师生的口头互动进行，而互动的内容则是事先确定的情景对话和句型结构。由于强调口语，听说法非常重视教学参考书和录音材料（尤其在初级阶段），教学往往要严格依照教学参考书所设计的顺序通过录音材料进行。

听说法的教学活动分为两个部分，前一部分是记忆情景对话，后一部分是反复操练情景对话中的句型，在操练过程中强调及时纠错。句型操练是听说法的一个显著特征，操练的方法形式多样，至今仍经常被采用。常用的句型操练形式有以下几种。

①重复句型。听到后说出句型，不看书面文字，做到语音、语调、语法准确。随着多次重复说出更长的句子。

②曲折变化。在句型不变的情况下变换句子中的性、数、格。

③替换。用代词替换句中的名词或名词短语。

④转述句子。用变换说话角度的方法转述话语，类似于间接引语变为直接引语。

⑤完成句子。补充一个单词使句子变得完整，常用于练习代词的用法。

⑥变换词序。

⑦扩展句子。将单词放入句子合适的位置。

⑧缩写句子。用一个单词替代短语或从句。

⑨变换句式。将肯定句变为否定句或疑问句，或进行时态、语态的变换。

⑩合并句子。将两个句子合并成一个句子。

⑪按要求应答。根据情景要求对问话做出相应回答。情景要求可以是做出礼貌的应答，表达认同或不认同，表达惊奇、遗憾等，表示自己没听懂，等等。

⑫组词成句。根据所给词语组成一个完整的句子。要注意使用词语恰当的形式。

听说法是在结构主义语言学和行为主义心理学的影响之下，为适应20世纪50年代美国对外语人才的需要而产生的一种教学法流派。它一方面是对语法翻译法的革新，另一方面又是对直接法的继承和发展。直接法和听说法的异同如下。

直接法和听说法的相同或相似之处表现在：①都重视口语能力的培养；②都重视利用必要的教学设备和教学手段进行形象化教学；③都重视目的语文化背景的教学；④语法教学都采用归纳法；⑤都强调防止学生在练习过程中出现错误（部分主张直接法的语

言学家对学生犯错误有不同看法）；⑥听说法的句型操练实际上也是来自直接法。

直接法和听说法的不同之处表现在：①在对待学生母语的态度上，直接法完全排斥母语的使用，而听说法只是限制使用母语，在一定程度上克服了前者的片面性；②听说法强调语言的结构形式，比直接法教学更具系统性；③听说法强调模仿、记忆，在一定程度上忽视了意义的教学，因而在有效培养学生的交际能力方面稍逊于直接法；④听说法强调严格控制词汇量，要求在对目的语和母语进行充分对比分析的基础上，根据学生的难点选择语言项目，安排语言项目的先后次序，在对教学系统的考虑上比直接法更为成熟；⑤听说法把语言技能分为听、说、读、写四个方面，这在语言学和语言教学上是一大进步，受到了各种教学流派的普遍认可。

听说法是第一个自觉地把语言学和心理学理论作为理论基础的教学法体系。听说法的产生对"听说领先"的外语教学理念的传播、对比语言学的发展和应用、教学机器和语言实验室在外语教学中的运用等，起到了很大的推动作用。句型操练的做法既避免了语法翻译法烦琐的语法分析，又不像直接法那样对教师的外语水平和组织教学的能力有很高的要求，因此能有效地培养学生的听说能力。这种做法得到了广泛的认可，在很长一段时间内占据着教学法领域的主流地位。

听说法主张通过练习和反复模仿来掌握第二语言，其最大优点是学生对语言听说技巧的直接运用，缺点是对语言的基础知识尤其是语法掌握得不扎实。听说法过于强调语言结构的掌握，专注于句型操练，使得学习过程较为枯燥，把听说和读写割裂开来，在教学过程中不太关注学生的不同学习风格，不区分教学对象的特点，忽视了学生的创造能力和读写能力，显得有些机械化和绝对化。

## 四、视听法

视听法产生于 20 世纪 50 年代的法国，在法国圣克卢高等师范学院法语研究所的推广下形成，所以又叫"圣克卢法"，最初运用于成年人法语第二语言短期速成教学。当时大众传播工具的发展十分迅速，人们开始在外语教学中广泛借助电教手段，如广播、电影、录像和录音等。通过运用声、光、电等现代化设备，把视觉感受和听觉感受相结合，把语言与形象相结合，从而建立起语言与客观事物的直接联系。视听法重视教学过程中语言材料的完整性，这也被称为"整体结构法"。视听法吸取了直接法和听说法的优点,并发展了情景视觉感知要素,形成了独特的情景视觉与同步录音听觉相结合的方法体系。

与听说法一样,视听法的理论基础是结构主义语言学和行为主义心理学。视听法强调培养学生的口语能力,主张外语教学要培养学生听、说、读、写外语的能力,而不是要求他们掌握语音、语法、词汇等知识,视听法把外语教学过程归结为刺激—反应—强化的过程,视听结合的方法比单纯依靠听觉或视觉来理解、记忆和储存的语言材料要多得多。视觉形象为学生提供形象思维的条件,促使学生自然和牢固地掌握外语。听觉形象有助于习得正确的语音、语调、节奏,获得遣词造句的能力。作为在欧洲大陆发展起来的外语教学法,视听法还在一定程度上吸收了格式塔心理学的主张,它认为人对语言的认识具有整体性,而且人的视觉、听觉等感知能力也能对刺激形成整体反应。因此,外语教学需要从各个方位向学生展示目的语,从而使学生的感知能力得到整体运用。

视听法具有以下主要特点。

第一,"听说领先",集中强化教学。集中三个月,用250～300个课时进行强化教学,以掌握基本的口语能力。在口语的基础上培养读写能力。

第二,以句型为中心。描写语言句子结构,归纳句型进行教学,是后期视听法教学的重要部分。

第三,限制使用母语。用外语讲解以培养语感。

第四,创设情景,进行语境教学。图像、录音视听结合,使所学外语与情景建立直接联系。

第五,重视整体结构的对话教学。完整的对话是视听法教学的基本要素。对话既有利于培养学生的口语能力,又能使课堂变得更生动活泼。

第六,充分利用录音、录像等电教设备。

视听法发扬了直接法、听说法的长处,是外语教学手段的一种创新。它改变了原有教学手段的单一性,丰富了教学手段,在教学中广泛使用现代化教学技术设备,使语言与形象紧密结合,在情景中整体感知外语的声音和结构。电化教学的手段直到今天仍然被广泛使用,不断发展的声像技术、多媒体、网络等被运用于外语教学,这是视听法的一大贡献。视听法的不足之处与它的鲜明特点紧密相连:过分强调视觉直观作用,忽视对抽象词汇和语法结构的处理和讲解;过分重视语言形式训练,忽视交际能力的培养;过分重视语言整体结构,忽视分析语言的有机构成;过分强调口语,忽视书面语的作用,学生的阅读、写作能力得不到相应的发展。

视听法没有得到广泛的应用，是因为它自身具有的局限性，一方面，它的理论基础跟直接法和听说法相比没有很大变化，因此其主要教学原则也与二者比较相似。除了声像配合教学这一创新点之外，没有太多的创新之处。另一方面，视听法的教学目的是在短期内快速培养成年人的外语口语能力。短期教学目的决定了视听法的成果最终只能作为一种配合外语教学的手段，而没能形成颇具影响力的教学法流派。

## 五、认知法

20世纪60年代，著名语言学家乔姆斯基（A. N. Chomsky）提出"转换生成语言学"理论，猛烈地冲击了当时在美国占主导地位的结构主义语言学和行为主义心理学，而这二者正是听说法的理论基础。乔姆斯基的语言理论是理性主义的，而结构主义语言学是经验主义的，二者有着本质的不同。乔姆斯基认为，语言是受规则支配的体系；人类学习语言绝不是单纯模仿、记忆的过程，而是创造性活用的过程，人类天生具有学习语言的潜能，学生正是利用这一潜能（语言习得机制）将抽象规则内化，使之成为语言运用的基础。这些有限的规则将语言的深层结构转化为表层结构，从而生成无限的句子，于是人类能够听懂从来没有听过的句子，说出从未学过的话语。行为主义理论将语言学习等同于其他方面的学习，受制于刺激—反应—强化—联结的规律，语言的习得是形成习惯。语言学习的本质是什么？人们是怎样学会语言的？什么方法能有效促进外语习得？人们开始质疑听说法的诸项教学原则，并探索新的教学法。作为与听说法相对立的理论，认知法强调充分发挥学生的认知能力，重视对语言规则的理解，并在此基础上全面培养学生的听、说、读、写能力。

认知法又称"认知—符号法"。由于它重视语法的作用，有人又把它称为"新语法翻译法"。认知法重视发挥学生的智力作用，强调认知语法规则，培养学生实际运用语言的能力，具有坚实的语言学、心理学理论基础。

正如前文所述，认知法的语言学基础是乔姆斯基的转换生成语法理论。转换生成语法认为语言是受规则支配的体系，人的语言能力是先天性的，人脑具有一种语言习得机制。人类学习语言的过程并不是机械模仿和记忆的过程，而是不断理解、掌握语言规则、创造性地运用语言的过程。因此，认知法主张从学习语言规则入手，培养学生创造性地运用语言的能力，在此基础上形成了自己的教学观——即语言学习是通过对它的各种语音、语法和词汇形式的学习和分析，从而对这些形式获得有意识的控制的过程。

认知法的心理学基础是认知心理学。认知心理学主张学习外语是一个感知、记忆、思维、想象的过程，是大脑积极思维的结果。认知法教学主张把第二语言作为一个知识体系来掌握，通过分析讲解，理解语音、词汇、语法知识的规则，掌握语言的基本结构，达到培养外语交际能力的目的。

认知法的主要特点如下。

第一，以学生为中心。教师要了解学生的年龄特点和外语学习的心理认知过程，让学生具有正确的学习态度、坚定的学习信心和顽强的学习毅力。教师还要懂得学生的智力活动结构和发展过程，为学生提供易于发现规则的足够的语言材料和情景，从已知到未知，引导学生自行"发现学习"。

第二，用演绎法讲授语法。在理解语言知识和语言规则的基础上操练外语，强调有意义的学习和有意义的操练。认知法的核心是理解、记忆和使用，理解是前提，操练是手段，记忆和使用才是目的。

第三，听说读写齐头并进。认知法主张外语教学一开始就进行听、说、读、写四种能力的综合训练，全面发展。通过耳听、口说、眼看、手写多种感官刺激，可以收到更好的学习效果。听说是训练口头语言，读写是训练书面语言，二者相辅相成。通过读写强化听说能力，通过听说提高读写能力。

第四，合理利用母语。在理论方面，乔姆斯基的普遍语法理论认为，各种语言都具有一定的普遍性、共同性。因此，学生母语的语法知识、概念、规则会迁移到外语中去，从而促进外语的学习。在实践方面，认知法倡导者认识到大学英语学习和学生学习母语的不同之处（成年人学习外语缺乏学生学习母语的语言环境；学生学习母语是大脑成熟的过程而成年人是在掌握了母语的基础上学习外语的；大学生学习外语是有意识的学习）。因此，进行外语教学时要适当利用母语，进行必要的母语与所学外语的对比分析，使教学更具针对性和预见性。

第五，分析语言错误。听说法强调及时纠错，以免学生的错误变成习惯。而认知法认为学习过程中出现错误是在所难免的，因此要容忍学生的语言错误，对错误进行分析和疏导，不能见错就纠，而是只纠正主要错误。

第六，广泛运用电化教学手段。认知法认为直观教具和现代化教学手段可使外语教学情景化、交际化，有助于创造外语环境，增加学生使用外语的机会，强化外语教学过程，是在缺乏语言环境的情况下高质量地进行外语教学不可缺少的条件。

从上述特点可以看出，认知法除了同之前的教学法一样关注教学内容（教什么）和教学方法（怎样教）之外，在认知心理学理论的影响下开始关注教学对象，即怎样学的问题，这是外语教学的一个重大进步。然而，与听说法相比，认知法并不占据绝对优势。尽管认知法在理念上与认知理论具有一致性，但是认知理论对语言加工过程和学习策略的许多研究尚处在雏形阶段，不能为外语教学提供具体的指导。认知法给外语教学带来了更多的选择，但是由于它完全抛弃了听说法的合理内核，也使得自己的教学主张缺乏系统性和可操作性，不能十分有效地指导外语教学实践。

## 第二节 交际法

### 一、交际法的主要理论基础

交际法的产生得益于语言理论的多元化和西欧各国的语言交际需求，是以培养交际能力为目的，以语言功能项目为纲的一种教学法体系，兴起于 20 世纪 70 年代的欧洲。交际法又称"功能法"或"功能—意念法"。交际法是人们深入研究语言功能的结果，其形成标志着语言教学进入了一个新的时代，涌现了各种各样注重交际目标和语言功能的教学方法（如内容型教学法、任务型教学法等），对世界各地的外语教学产生了深远的影响。尽管围绕交际法的理论和实践有着诸多争议，每个人都有自己独特的理解，但是"交际法之魂"已经深入人心。

外语教学大纲方面的研究促成了交际法的形成。语言意义分为两类：意念范畴（如时间、顺序、数量、地点、频率等概念）和交际功能范畴（如请求、拒绝、邀请、抱怨等功能）。

交际能力指的是不仅能使用语法规则来组成语法正确的句子，而且能在适当的场合、适当的时间恰当地使用语言。交际能力应包含以下五个方面。

第一，语言能力。包括传统意义上的词汇、语法、语义和语音知识。

第二，语篇能力。指语言使用者掌握连续语篇的能力。如在较长的书面语篇中使用连接词，维持较长对话中的话轮转换、进行意义协商、开始和结束谈话等。

第三，语用能力。指外语学生在情境中利用语言知识表达和阐释意义的能力，如知道在交际中由于缺乏背景知识而产生问题的时候如何继续进行交际。

第四，社会语言能力。主要指在合适的场合恰当地运用语言的能力，如对正式和非正式语体的选用，对直接或者委婉的表达方式的选择等。

第五，社会文化能力。指对文化差异的认识。

语言系统和语篇中的交际价值具有密切的关系，掌握一种语言意味着既掌握其词汇、句法，又会在语言交际中进行恰当运用。语言能力应包含为达到不同的交际目的而实施的交际行为。例如，想表达关门的请求，可以有不同的方式，如"The door's open.""Would you mind closing the door?""Close it, please. It's so cold."等，如何在诸多选择中做出合乎情境的决定，是交际能力的一个重要方面。

## 二、交际法的语言观与学习过程

概括来说，交际法的语言观主要有以下四点。

第一，语言是一个意义表达系统。

第二，语言的基本功能是互动和交际。

第三，语言结构反映其功能和交际用法。

第四，语言要素不仅包括语法结构，也包括体现在语篇中的功能和交际意义。

交际法的学习观倡导"交际性、任务性、意义性"三原则。交际性原则，即包含真实交际的课堂活动可促进语言学习；任务性原则，即运用语言完成有意义任务的课堂活动可促进语言学习；意义性原则，即对学生有意义的活动有利于语言学习。

交际法的发展可分为三个阶段。第一阶段所关注的重点是开发基于功能和意念的教学大纲，以培养学生的交际能力。第二阶段重点关注学生需求问题，致力于探索确定学生需求的步骤。第三阶段重点探讨交际法框架下的课堂活动，如小组活动、任务、信息沟通、项目活动等。目前，交际法已成为一个很广的概念，可以说交际法出现之后的几十年间，又出现的内容型教学法、任务型教学法、词汇教学法等，都不同程度地体现了交际法的基本理念。尽管人们难以像界定语法翻译法、听说法那样准确界定交际法，但交际法这个概念仍然有其存在的必要性。交际法以其对"交际"的重视，时刻提醒着人们：外语教学的目的不是学习碎片化的语言知识，而是提高学生的交际能力。

交际法中的学习过程包括两个维度：分析性学习和体验性学习，这两个维度不是互相矛盾的，而是互补的，从不同的角度指引学生，以实现培养学生的交际能力这一教学目标。分析性学习和体验性学习是一个连续性的两极，具体的学习活动不同程度地具备一些分析性或体验性特征。在交际性语言练习中，学生会使用事先学习的词汇或句型；而在真实交际练习中，学生有时会重点练习语言学习中的某个难点句型。而且，在一项活动的不同阶段，不同的学生也会有所侧重。

## 三、交际法的教学原则

随着交际法的影响日渐扩大，其使用范围也在日益扩大。研究者的不断加入，使得各种理论也在不断地丰富着交际法的教学原则，具体如下。

第一，学生通过使用语言进行交际而学会语言。

第二，真实而有意义的交际应该成为课堂活动要实现的目标。

第三，流利度是交际能力的一个重要指标。

第四，交际能力包括听、说、读、写等不同语言能力。

第五，语言学习是基于不断尝试和修正，并创造性地建构知识的过程。

基于上述教学原则，交际性课堂应具备以下特点：课堂活动能促使学生通过频繁互动以交流信息、解决问题；使用真实语篇（而非专为学生所编写的教学材料），设计情境中的交际活动，强调听、说、读、写的综合运用；秉承以学生为中心的教学理念，关注学生背景及其特定的语言需求和目标，允许学生在教学决策中有一定的话语权，培养学生创造性地解决问题的能力。具体而言，交际法强调信息的共享和传递；倡导合作学习，如小组活动和结对子活动；鼓励学生进行自由的语言练习，并敢于尝试新的语言项目；设计教学活动时，以交际性任务为基本单位；结合学科知识发展语言能力，使语言知识具体化；注重语言运用的适切性；强调通过分析和反思，关注个体语言学习的过程。由于交际法强调体验性学习，使得一些教师和学生忽略了分析性学习和关注形式的学习活动对语言学习所起的作用。外语教师对交际法普遍存在误解：认为交际法就是"不教语法，只教口语"。这种理解是不正确的。

## 四、交际法的教学活动

　　以培养交际能力为教学目的，交际法的教学活动十分丰富。交际法教学框架包含了分析性策略和体验性策略两个维度。交际法课堂活动构成一个连续体，一端是非交际性学习活动，另一端是真实的交际活动。在交际原则的指导下，也应重视词汇和语法的学习，以帮助学生逐步获得语言交际能力。

　　教学材料影响课堂交际和语言使用的质量，交际法的教材主要有三种：以课文为主的教材、以任务为主的教材，以及来源于生活的真实语料。以课文为主的教材，许多是建立在结构研究上的，也有一些以交际为中心、以任务为主的教材，包含大量的游戏活动、角色活动、任务活动等。真实语料来自日常生活，包括以文字为主的材料，如路标、广告、报纸、杂志，以及可用于交际活动的可视化资源，如地图、图画、标志、图表等。

　　由于交际法课堂鼓励互动和交际，师生角色也被赋予了新的含义——学生应该是自我学习过程和学习目标之间的协商者，在相互协作完成交际活动的过程中掌握外语。教师的首要角色是担当交际活动的设计者和组织者，还是交际过程的引导者、示范者和参加者，同时也是需求分析师、咨询师和小组活动的管理者。交际法带来的从"教师为中心"到"学生为中心"的转变，使广大外语教师面临着新的挑战，他们需要转变思想，顺应改革潮流，为培养学生的交际能力做出应有的贡献。

　　交际教学法对教师提出了更高的要求——教师应在以下方面做出努力：重新认识语言教学的本质，从以知识为基础转变为以能力为基础；重新定位教师的角色，从知识的传递者变为身兼多种角色的教育者；学习新的教学策略和技巧；改变评价学生的方式；培养活用教材的能力；使用现代教学技术；提高自身的外语语言能力。

　　交际法产生在语言理论和心理学理论多元化的时代，对不同理论的吸纳使得它颇具活力，可以称之为"多元理论的联合体"。交际法的主要优点有：重视学生的需求，教学目标更加明确；重视培养交际能力，不仅强调语言的内容、意义和功能，还关注语言使用的情境和适切性；倡导外语教学过程交际化，营造真实的语言情境。

　　交际法的教学理念在世界范围内得到了广泛的传播，但是也存在一些问题留待人们思考，例如：在教学大纲中结构和功能的关系处理；交际课堂的管理；对学生语言能力的测评；学生在小组活动中存在回避使用外语的倾向；教师自身的外语能力不足；交际法理念与比较看重笔试成绩的考试方法之间存在矛盾；等等。

# 第三节 内容型教学法

## 一、内容型教学法的内涵

20世纪80年代以来，内容与语言融合学习法受到了关注，内容型教学法为颇具代表性的教学范式。内容型教学法与交际法具有相同的心理学和语言学理论基础，是交际教学法的一种。与交际法所不同的是，内容型教学法非常关注学习输入的内容，主张围绕学生需要掌握的课程来组织教学。我们可以将内容型教学法定义为：一种主张围绕学生所学的学科内容而展开教学的交际语言教学形态。它强调围绕学生需要获得的内容或信息，而非语言或其他形式的大纲来组织教学，以达到内容教学和语言教学互相促进、共同提高的目的。

内容型教学法的语言观主要有以下三点：①语言是一种获取信息的工具，而信息是在语篇中建构和传递的，因此语言教学要以语篇为基础；②在现实生活中，听、说、读、写四项技能是不能分开使用的，因此语言教学也应把四项技能综合起来培养；③语言的使用是有目的的，因此学生在学习过程中要清楚所学语言材料的目的，并使它与自己的目标联系起来。内容型教学法强调关注语言技能以外的能力和素质，因为语言本身是个符号系统，它好比一种排列组合，本身的深度和美感来自它"运载"的内容。

## 二、内容型教学法的核心原则

内容型教学法关于学习理论的一个核心观点是：只有当语言被用来作为了解信息的途径而不是为了学习语言本身时，语言习得才能成功，由此核心原则衍生出下列观点。

一是只有当学生认为所学习的内容有趣、有用而且能指向预期的目标时，语言习得才能成功。如果学习内容与学生的实际需要紧密相关，就能增强学生的动机，促进学生更有效地学习。另外，当学生的注意力集中在思想、看法、观点等，而非语言形式上时，学生具有更强烈的学习动机。

二是某些领域比其他领域更适合作为内容型教学法所依托的学习材料。地理领域是将学科学习与语言学习相结合的不错选择,因其具有高度的视觉性、空间性和情境性,包括对地图、图表、模具等辅助材料的使用,以及用大量描述性的语言开展教学等。

三是学习内容符合学生的需要,教学才能取得好的效果。内容型教学法强调学习的内容应该根据学生的需要来选择,如选择真实语料(学生会在生活中遇到的、书面的或口头的材料)作为教学设计的出发点。

四是教学应建立在学生已有经验之上。学生进入课堂时,大脑不是一块白板,而是已经具备了一定的学科知识。

## 三、内容型教学法的多种模式

内容型教学法的倡导者开发了多个项目,探索了多种教学模式。可以将内容型教学理念描述成一个连续体,一端是内容驱动型教学,另一端是语言驱动型教学,在这两端之间存在着多种教学模式。每种教学模式中,语言与内容有着不同的权重。

完全和部分沉浸式教学以内容为主导,它的有效性更多地取决于学生对内容的掌握,而语言的掌握则是一个副产品。保护式教学的授课对象是非本族语者,由学科领域专家担任教师,但在授课过程中需要关注学生的外语水平,调整教学话语使教学内容更容易被学生理解。此外,教师还需要选择适合学生难度的教学材料,并根据学生的语言能力调节课程要求。以附加式教学和主题式教学为例。

附加式教学强调语言学习和内容学习同等重要,附加式教学中的语言和内容融合,可以通过团队合作来实现,即由语言教师负责传授听、说、读、写等语言技能,由内容教师则负责学术内容的讲授。主题式教学通常在教学情境中进行,课程大纲围绕主题或话题,如环境污染、妇女权益、医药卫生、儿童保护等来组织,最大限度地利用内容来传授语言技能。

内容型教学法秉承"做中学"的教学理念,鼓励学生进行自主学习、合作学习和体验学习。这就要求学生扮演积极的角色,积极地理解输入材料,有较高水平的歧义容忍度,愿意探索新的学习策略,从多角度阐释口头或书面语料。学生也可参与到学习内容和活动方式的选择当中,为学习内容提供资源。学生要对内容型教学有十足的信心,积极适应新的角色,成为一名合作型、参与型的学生。

内容型教学模式下,教师应兼具语言和专业内容两方面的能力,这是一个巨大的挑战。因为教师可能是语言专家或某个学科领域的专家，但在这两方面都擅长的人则少之又少。一个能成功地运用内容型教学法的教师，必须具备下列知识和技能：学科内容知识、学科教学技能、外语知识、外语教学技能，以及教材的开发和选择、教学评估等。相应地，他集多种角色于一身：需求分析者、课程设计者、教材编选者、合作者、研究者、评估者等。

内容型教学法通常选择真实语言材料作为教材。这个真实性一方面指本族语学生所使用的教材，另一方面指来源于报纸或期刊杂志上的文章，即并非为语言教学这一目的而编写的材料。与真实性相矛盾的是，内容型教学法还必须考虑学生的语言水平，教材要具有可理解性，因此对教材进行一定程度的语言上的简化和冗余的解释也是必要的。总之，教学材料既要具有真实性，又要具有可教性。

内容型教学法的优点在于：语言的形式、功能和意义没有被分割开来；学生的动机增强、兴趣提高；对认知有较高要求的课堂活动丰富了学生的认知。

从早期的专门用途英语课程到沉浸式课程，内容型教学法已经被应用到各个层次的语言教学项目当中，如大学生外语课程、商务外语课程、职业外语课程等。然而，内容型教学法在应用中也存在局限性。首先是师资问题，兼具语言知识和学科知识的教师匮乏；其次，内容型教学法的效果不好衡量，因为学生最关注的是学科内容，往往会忽略语言使用的准确性；再次，鉴于学生需求的多样化，很难开发出市场化的、通用的教材，这会导致教师耗费大量时间甄选材料；最后，是评估标准方面的问题，是评价学生对学科知识的掌握，还是评价学生的语言能力，目前仍无定论。

# 第四节 任务型教学法

## 一、任务型教学法的定义

任务型教学法源于交际教学法，"任务性原则"也是交际法的三大实施原则之一。

任务型教学法自 20 世纪 80 年代产生以来，一直备受瞩目。它将"任务"置于课程规划的核心地位，认为学生通过完成特定的课堂任务而习得外语，并将交际法语言教学重塑为基于任务而不是基于语言的交际法教学大纲。

任务型教学法的普遍定义为：一种以具体的学习任务为学习动力或动机，以完成任务的过程为学习过程，以展示任务成果的方式来体现教学效果的教学方式。任务型教学法强调学习过程，重视培养学生的交际能力和综合运用语言的能力，同时也不忽视语言知识教学。任务型教学法所代表的理念可以归纳为：语言是用来表达思想、交流情感、解决问题的工具，语言学习依靠的是语言的使用，而不是以形式为中心的机械训练。语言学习的目的不仅是掌握语言知识和培养语言技能，还包括学会如何使用语言来解决问题。

国内外研究者对"任务"（task）的解释不尽相同。

第一，有助于达到语言学习整体目标的所有课堂活动都可看作任务，包括简短的语法练习和更为复杂的涉及真实的意义交流的活动。

第二，任务是语言加工的产物或语言理解的结果，如边听录音边画图、听指令做动作等。教师通常需要明确任务要求，以衡量学生是否成功地完成了任务。多样化的任务可以增强课堂活动的目的性，使学生有机会运用语言，从而使语言教学更具交际性。

第三，任务是一项有特定目标的工作或活动，通常作为课程的组成部分，或在研究中用于收集数据。

第四，任务就是学生通过对已知信息进行思考加工从而得到某一结果的活动。

第五，交际性任务是学生理解或掌控目的语，并用目的语进行互动的活动，在使用语言的过程中，学生的注意力主要集中于交际意义而非结构形式。

第六，任务是学生关注意义、使用语言达到目标的活动。

第七，学生应用目的语所进行的促进语言学习的，涉及信息理解、加工，或解决问题、决策问题的一组相互关联的、具有目标指向的课堂交际或互动活动都可以称之为"任务"。

第八，任务应具备五个要素：①要有意义；②要有待解决的交际问题；③与真实世界的交际活动相似；④要完成任务；⑤根据结果评估任务。

任务的七项主要特征如下。

①输入材料。指学生完成任务所使用或依据的书面材料或视听材料。

②角色。指学生在完成任务时所需扮演的角色，如信息发出者或信息接收者。

③情景。指产生任务和执行任务的环境或背景条件，包括语言交际的语境，同时也涉及课堂任务的组织形式。

④程序。指学生在完成任务过程中所涉及的操作方法和步骤,即"怎样做"。它包括任务序列中某一任务所处的位置、先后次序、时间分配等。

⑤监控。指确保任务顺利完成的监督过程。

⑥目标。任务具有目的性,一是任务本身要达到的非教学目的,二是利用任务所要达到的预期的教学目的。

⑦反馈。指教师或同伴对任务完成的整体情况或某一方面进行反馈,包括语言使用的纠正性反馈和其他有用的反馈

## 二、任务型教学法的理论基础与发展

任务型教学法的理论基础是苏联心理学家维果茨基(L. Vygotsky)的语言和学习理论。他强调语言学习的社会性,他认为,语言的获得首先是人与人之间相互作用的结果,然后才转变为自己的知识。学习是一种有社会真实性的协同努力。

任务型教学法的理论依据还包括互动假说、输出假说、有限容量假说和认知假说等。互动假说强调语言习得中的互动,即意义协商在二语习得中的决定性作用。意义协商就是当沟通理解发生困难时,交谈的双方必须依据对方理解与否的反馈,进行诸如重复、释义、改变语速等语言上的调整,从而使得输入变得可理解。互动假说关注选择性注意和负面反馈在语言习得中的作用。

输出假设提出对输出的关注可以促进二语习得,故而给学生提供语言输出的机会是语言发展的关键所在。在目标语输出的过程中,学生会注意到"知"与"不知","会"与"不会"之间的距离,进而了解自己对外语的掌握情况。输出还为学生提供了在运用中尝试新语言的机会,并对外语的结构形式进行反思。

有限容量假说指在注意力有限而需要关注的语言侧面不止一项(比如语言精确度、语言复杂度、语言流利度)的情况下,学生会进行优先排序,将注意力更多地投入到某一项中。

认知假说是基于一语习得提出的。在一语习得的发展过程中,概念化发展为其创造了条件。对一语和二语习得发展的对比研究表明,成年的二语学习者总在尝试将儿童时获得的概念进行语言编码。

在设计教学任务时,要参照学生习得母语时所对应的认知要求,基于认知复杂度逐

渐上升的原则对任务进行排序,使任务序列能为二语学习者提供最佳的帮助,以便应对真实交际中相应水平的任务要求。因为只有复杂的语言才能表征复杂的事件。所以,当任务难度和学生的认知水平相匹配时,则可避免因认知复杂度和语言精确度两者无法兼顾而顾此失彼的现象。

## 三、任务特征的分类体系

对任务特征分类体系的研究主要考察哪些特征对互动和习得较有影响力,以利于教学任务设计。可以根据语言的复杂性、认知的复杂性和交际的紧张度来划分任务的难度。也可以从输入、任务条件、认知加工过程和任务目标四个方面描述任务特征。

输入包括四个变量:媒介、语言复杂性、认知复杂性和信息熟悉度。任务条件包括三个变量:参与者关系、任务要求、完成任务所涉及的话语模式(对话或独白)。认知加工过程指完成任务所涉及的认知加工层次,从信息交流,到进行推论,再到进行观点的交锋。任务目标包换三个变量:媒介(通过图画、口头或书面语展示结果)、任务结果是开放式的还是单一解决方案、任务结果所涉及的语篇模式(描写、叙述、分类、指示、辩论等)。

综合前人研究,可以建立一个任务的三维成分框架,从三个方面描述任务特征:任务复杂度(认知因素)、任务条件(互动因素)和任务难度(学生因素)。分类框架的优劣应以是否能对教学有益并促进习得的最大化为标准。

任务难度由二语学习者的个体差异引起,是一种个人因素,具体包括情感因素和能力因素两个维度。例如,学习动机强的学生比动机弱的学生更能高效快速地处理信息,学生的语言能力和智力水平决定了他们完成任务的难度。而任务复杂度取决于任务对学生的认知加工要求,是一种客观因素。一项既定任务对不同学生来说难度不同,但任务复杂度是相同的,因为任务复杂度受任务本身的结构和设计的影响,与学生个人能力无关。

将任务复杂度进一步细分,可以分为"资源导向"和"资源分散"两个维度。在完成学习任务的过程中,两个维度对学生注意力资源的分配产生截然不同的影响。在资源导向维度上增加任务复杂度能将学生的注意力资源导向特定的语言结构和形式,使产出的语言更加准确和复杂。在资源分散维度上增加任务复杂度则会消耗学生更多的注意力和工作记忆，使学生分配给语言形式的注意力资源相对减少。学生可以调用多重注意力资源，任务复杂程度的提高也有可能使学生的表现得到提升，因此学生对形式和内容的关注并不一定是矛盾的。

任务型教学法也可以区分为两种任务类型：真实任务和课堂教学任务。前者指那些基于学生需要而设计的模拟真实交际而进行演练的任务，如"制订假期出游计划"包括决定目的地、预订航班、选择旅馆、预订房间等系列任务；而"申请大学"则包含更多的任务：写申请信、回复信件、咨询经济资助、选择课程、电话或网络注册、支付学费等。后者指那些基于二语习得研究，但不一定能反映真实交际而设计的语言学习任务。

从教学的角度，可将任务型教学法分为六种任务类型：列举、排序、比较、解决问题、分享个人经历和创造性任务。创造性任务指比较复杂的任务或项目，通常需要分几个阶段完成，有时还要做一些调查。

从认知的角度，可将任务型教学法分为三种任务类型：信息沟任务，指对所给信息进行由此及彼的传递，由一个人传递给另一个人，或形式上的转换（如将文字信息转换成图表），或时空转换，涉及对语言的解码和编码；推理沟任务，指根据所给信息通过推理、演绎，或对关系、模式的识别等过程推导出新的信息，如根据班级课表推导出教师的课表；观点沟任务，指针对所给情景，明确地表达个人喜好、感受或所持态度，如续编故事、参与讨论等，这类任务的结果通常是开放式的。

任务型教学法的三个步骤：①任务前活动；②任务环（包括任务、计划、报告）；③任务后活动（包括聚焦于语言形式的分析和操练）。

基于中国国情，可将任务教学的课堂教学程序分为任务的设计、准备、呈现、开展和评价五个阶段。任务型语言教学途径是一种教学思想，而非具体的教学方法。在实际运用中，任务型教学有不同的操作方式，对于一些简单的任务，可能只需要一两个步骤就能完成；而对于复杂的任务，则需要分阶段进行。复杂的任务一般分为任务前、任务中和任务后三个阶段。任务前阶段即任务呈现和准备阶段，是决定教学课堂成败的关键，任务中阶段即任务实施的阶段，是学生运用语言的过程，在这一过程中，任务难度极为关键。任务后阶段的活动是语言活动，可以开展任务重做、语言聚焦和任务展示等活动，这一阶段是语言意识培养的重要阶段。

在任务型语言教学中，教师是任务的选择者和决策者，要根据学生的需要、兴趣及语言水平，设计、选择任务并决定任务顺序。在引导学生进行完成任务的活动时，教师还扮演着多重角色，如参与者、组织者、协调者、评价者等。在学习语言的过程中，教师还承担着培养学生的语言意识的责任;学生是小组活动的参与者、监控者、探究者和发明者。在完成任务的过程中,学生会观察自己和同伴的表现,监控自己和他们使用语言和学习策略的情况,并尝试用最好的办法解决问题。

任务型教学法自诞生以来,已经被广泛地运用于全世界的语言课堂中,"任务"已经成为许多教学流派语言教学主流技巧的一部分。然而,关于任务型教学法是否比其他教学方法更有效,尚缺乏有力的证据。在实际教学过程中,以"任务"为基本单位组织教学,也还存在一些问题,如任务选择、任务排序、任务评价等,仍需进一步探讨。

综观外语教学史,人们一直致力于找寻一种最佳的教学方法,于是出现了流派繁多、异彩纷呈的局面。自 20 世纪 70 年代以来,交际语言教学成为人们普遍接受的一种理念,在教学方法的探讨方面不再追求独树一帜,而是采取了折中的态度,并且逐渐出现了"再谈方法已显过时"的趋势。人们已经进入了"后方法时代",外语教学成功与否的关键在于如何适应不同的需求以产生最满意的学习效果。通过后方法时代的"宏观策略框架",可以在宏观上确定大体方向,留给教师更大的创造空间,设计出符合特定社会文化情境、特定学生群体的微观课堂。

这些宏观策略包括以下方面。

第一,使学习机会最大化。

第二,促进协商交流。

第三,使感知误解最小化(指教师意图和学生领会之间的差距)。

第四,采用直觉启发式教学。

第五,培养语言意识。

第六,将语言输入语境化。

第七,培养综合语言技能。

第八,倡导自主学习。

第九,增强文化意识。

第十,确保社会相关性。

每一种新的外语教学法都是在试图克服已有教学法缺陷的探索中出现的,极大地拓展了人们的视野。每一种外语教学方法都在外语教学史上发挥过积极作用,各种流派长期并存并不断地自我完善。然而,各种外语教学法都有各自的优势和不足,各有独特的适用范围,万能的教学法是不存在的。因此,我们要辩证地对待外语教学法,在教学中根据不同的教学目的、教学对象、教师水平和教学条件选择合适的教学方法。

# 第五节　其他教学法

## 一、全身反应法

人本主义心理学强调人的内心世界的重要性，认为人的智力发展和情感发展同等重要，这些思想为人本主义教学法的产生提供了最为直接的理论依据。随着20世纪60年代世界范围内对传统外语教学思想、方法的反思与批判，欧美外语教学界也开始了对"以人为本"的外语教学的探索与实践。外语教学史上出现的全身反应法、沉默法、社团语言学习法、暗示法等，都体现了人本主义的教育思想。上述教学方法虽然在技巧上呈现出多样性，但其核心却是共同的，即对学生作为"全人"的充分尊重与重视。这些教学方法具有以下共同特征：强调学习中的情感因素与认知因素同等重要；注重为语言学习创设安全环境而不是增加焦虑；促进人的全面发展而不仅仅是语言的发展；倡导侧重于过程的教学，注重反思；强调学习自主性的培养。

全身反应法是一种通过协调语言和身体动作来教授外语的教学方法，最早于20世纪60年代由美国心理学家阿歇尔（J. Asher）提出。这种教学法体现了一定的行为主义心理学的传统观念，强调通过口语刺激引起行动的反应。不过，全身反应法还吸收了其他的心理学、教育学理论。由于全身反应法强调在理解的基础上学习外语，也有人把这种方法称为"理解法"。该方法强调先听后说，使目的语在学生的大脑中留下印记，这个主张来自"记忆痕迹论"，即追溯记忆连接的频率越高，强度越大，记忆联想就越强，也更可能被唤起。口头机械重复和身体活动相结合的追溯活动有助于提高记忆被唤起的可能性。

阿歇尔还吸收了神经语言学对大脑功能偏侧化的研究，认为左右脑的分工是左脑掌握语言，右脑主管活动，左脑的语言发展必须由右脑主管的活动激活，所以外语教学应该先用活动配合理解来为左脑发展语言做准备。母语是在自然环境下习得的，学习母语时没有紧张感，因此在教大学生学外语时也要降低他们的紧张和焦虑。那么，一种对语言输出不做过高要求并且带有游戏性质的教学方法可以创造出一种轻松愉快的语言环境，有效提高学生的兴趣和动力，促进外语学习。

关于全身反应法的语言学理论基础，其语言观可以归纳为四个方面：一是动词中心论，语言的使用是以动词为中心组织起来的，因此动词是学习语言的关键；二是语言意义具体论，语言内容由抽象和非抽象两种意义组成，其中表示具体意义的词语更为重要；三是理解中心论，即听的技能先于其他技能形成；四是语言可以整块习得，语言是整体的，不是一些零散的词条，所以要把整个句子教给学生。

全身反应法的主要特点如下。

第一，强调语言必须通过理解获得。听力理解技能是发展口语表达及其他语言技能的基础，对话一类的练习应推迟到学生具备听力理解能力之后，通常是在 120 个学时之后才开始。

第二，教学强调语言的意义，而不是语言的形式。全身反应法关注学生对语言意义的理解和掌握情况。

第三，主要教学活动是祈使性听令活动，祈使句中的动词是语言的中心内容。目的语的大多数语法结构和数以百计的词汇，都可以通过教师熟练的祈使性指令来习得。

第四，降低学生的紧张感。教师要创设轻松愉快的学习环境，增强学习效果。

第五，课堂活动以教师为主。教师是导演，决定教学内容和教学步骤。学生的任务是听和做，是听众和演员。学生不能控制、左右课堂教学内容。

第六，对待母语的态度。排斥母语，用目的语组织教学活动。

第七，对待错误的态度。教师开始时要容忍错误，随着学生外语水平的提高逐渐有限度地纠正错误，切忌纠错过多。

第八，全身反应法往往没有固定的教材，主要依靠教师的声音、行动和手势指挥活动，充分利用教室已有的实物进行教学。在一段时间后，引入图画、图表等，创设家庭、超市、海滩等情景。

全身反应法的教学目标主要是培养学生的初级口语能力，教学大纲以句子为基础，或者是以语法为基础，词汇则限制在课堂指令可以使用的范围内。教学步骤基本上可以分为以下三步。

（1）复习和导入

用祈使性指令要求学生做出相应的动作。

例如：Eduardo, take a drink of water and give the cup to Elaine.（爱德华多，喝点儿水，然后把杯子递给伊莱恩。）

（2）引入新的指令，介绍以动词为中心的词语

例如：

wash 洗

wash your hands 洗手

wash your face 洗脸

wash your hair 洗头发

hold 拿

hold the book 拿书

hold the cup 拿杯子

hold the soap 拿香皂

look for 找

look for a towel 找毛巾

look for the soap 找香皂

look for a comb 找梳子

（3）通过读写来巩固新学的内容

教师把新单词写在黑板上，每个单词配上一个例句，然后边读边做动作演示，学生则把这些单词和句子抄到自己的笔记本上。

全身反应法的课堂教学主要是祈使性的听令活动，强调把握指令的顺序，一定要在听懂的基础上，再要求学生复述，然后鼓励学生开口表达。教学设计大致如下：①教师说出指令并做示范动作，学生边听边观察；②教师说出指令并做示范动作，然后请学生跟着做；③教师说出指令，不示范动作，请学生按照教师的指令去做；④教师说出指令，不示范动作，要求学生复述指令并完成动作；⑤请一位学生说出指令，教师和其他学生一起执行指令。

全身反应法自问世以来，在外语教育界引起了很大的反响。它对基本句型的重视以及以教师为中心的课堂体现了传统的教学理念。另外，它倡导通过语言和身体动作的协调来教授外语，体现了大胆的创新，把语言转化为让学生乐于接受和喜爱的肢体语言，有助于学生更好地理解授课内容。丰富生动的课堂活动有利于营造良好的课堂氛围，缓解学生的紧张情绪。利用学生的无意记忆和形象记忆让学生在循环反复的练习中学习语

言，做到在听中学、在说中学、在做中学、在玩中学。

全身反应法还通过直接建立动作和声音在大脑中的联系，实现学生对语言的快速理解，帮助学生建立外语思维，同时也有利于学生的长时记忆和听说能力的提高。但是，全身反应法也有一定的局限性，它的有效性还需要更多的教学实践来证明；它主要适用于初级阶段的外语教学，身体动作很难表达抽象的事物和复杂的句式时态；它主要适用于活泼好动的学生；全身反应法教学中包含大量的游戏活动，对于课堂教学管理有着较高的要求。因此，全身反应法的使用应当跟其他教学方法结合起来。

## 二、沉默法

沉默法主张教师在教学过程中尽量保持沉默，学生则尽量多说话、多练习。沉默法坚持"教从属于学"的原则，认为学习是学生的事情，教学只是辅助手段。教师的角色就是研究学生，提供各种挑战，借以促进学生的发展。学生不应该简单、机械地重复教师所讲的内容，而应该多思考、多动脑，在"沉默"中专注于完成任务，唤醒潜能，发现所学语言的规律，建立一套内在标准。沉默法不同于其他教学法的一个鲜明的特点是它使用独特的教具——奎茨奈尔彩色棒、菲德尔卡片和彩色挂图来进行外语教学。奎茨奈尔彩色棒长短不一，用来教词汇（如颜色、数字、位置等）和句法结构（如时态、语序等）；菲德尔卡片用颜色不同的方块表示元音和辅音，用来教发音；彩色挂图提供实物和场景来配合外语教学。

外语教学法重视学生，以学生为中心，强调内部资源的利用，强调意识的培养。通过自我意识的培养，学生可以获得一个"内在标准"，自己监控和检查所学功课。沉默法吸纳了教育哲学的观点，认为教育的目标是培养独立自主、有责任心、具有解决问题能力的学生，而不只是向学生传授语言知识、培养语言技能。它把自我看作一个富有自我意识和自我教育能量的系统，它把学习聚集于学习行为本身，而不是学习的内容。语言只是学习的工具，而语言的掌握则是学习行为的副产品。沉默法所体现的教育哲学思想即独立性、自主性、责任心。

沉默法的学习观认为：①发现或创造比重复和记忆更有益于学习；②实物伴随有利于学习；③通过解决问题掌握知识。沉默法主张把外语学习看成一个成长过程，主张让学生体验学生学习母语的过程，回归到婴孩的心智特点，即服从。不过，它也指出学习外语的过程与学习母语是不同的，因为一种语言系统的建立必定会对另外一种语言的学习产生影响。外语学习是有意识的、有目的的和受控制的学习。因此，不能用学习母语那样的方法去学习外语，而应该采用一种严谨的人工方法。沉默法强调学生的主体地位，在沉默中，学生专注于自己要学的知识，发现潜在的解决问题的方法。在引导学生学习的做法上，沉默法与认知法是一致的。在使用沉默法教学的课堂上，学生沉浸于发现新语言的过程之中，教师却尽量保持沉默。教师使用彩色棒、彩色卡片、挂图和各种手势来引导学生发现和认识新语言，掌握语音、词汇、句法结构等。学生通过自我学习，先是迷茫而后在练习和错误中建立起正确的语言体系。

从沉默法对语言材料的处理方式上可以看出，它采纳的依然是结构主义语言观。沉默法把语言看成经验的替代品，是语音和意义的随机结合。课堂教授的语言材料并不与任何交际条件相关联，语法结构和词汇被人为地分成若干部分，用彩色棒表示，再逐一教给学生，教师着重于命题含义，而不是交际含义。句子是教学的基本单位，词汇是教学的核心内容，由于课堂上教师必须尽量保持沉默，学生只能自己发现、归纳和掌握外语，因此所教授的语言材料就受到一定的限制。沉默法把教学词汇分为两类：半高级词和高级词。半高级词主要是一些日常生活用语，如食物、旅游、服饰、家庭生活等方面的词汇，高级词是一些用于表达思想的词，如政治或哲学等方面的词汇。

沉默法的主要特点归纳如下。

第一，教从属于学。

第二，利用教具进行教学。色彩和实物可以激发想象、引起联想、增加兴趣。

第三，口语领先。

第四，用外语教外语。

第五，教师不改正学生的错误。教师的主要任务是帮助学生建立一套内在标准，从而自我纠错。

第六，强调学生彼此之间的倾听，培养合作学习的能力。

第七，强调独立性、自主性、责任心，重视培养学生的自学能力，学习行为重于学习内容。

沉默法的教学目标主要是培养学生的初级听说能力和外语自学能力。沉默法的教学活动始于教师示范或提示，然后学生反应、回答，说出更多的句子。当某个学生犯错误时，其他学生要主动补充正确的答案。在课堂上，学生的角色是多种多样的，有时作为一个独立的学生，有时作为小组的一个成员。教师则主要根据学生的需要，充当示范者、助手、指导者等。沉默法的教学步骤可简述为：①教师将彩色棒倒在桌子上；②教师拿起某个颜色的彩色棒，示范读音，或者用教鞭指着图表上的某个字母，示范发音；③学生模仿发音或读音；④如果一个学生错了，教师再示范或示意另一个学生示范。在全部彩色棒所代表的字母或词语都介绍完毕之后，开始新一轮的学习。

与传统的教学法强调听、说、读、写技能的准确性和流畅性不同，沉默法重视学生的主体性，将外语教学的目标提升到教育和生存的高度，强调培养学生的创造性思维、自主学习能力和合作学习能力。彩色棒、卡片、挂图等教具的使用，强调自我意识、自我纠错的做法，都体现了沉默法在课堂安排和教学理念上的创新。但是，沉默法也有一些不足之处，比如它很难应用于外语学习的高级阶段。教师在课堂上尽量保持沉默，也使学生失去了大量获得语言输入的机会。沉默法的创新是有限的，其很多教学要素仍然是传统的。例如，在语言学习上采用结构大纲，师生关系也是传统的，教师虽然保持沉默，但如乐队的指挥一般，严格地掌控着课堂上的一切活动。

## 三、社团语言学习法

将心理咨询方法应用于外语教学，目的在于消除学习环境中团体带给个人的焦虑、竞争及冲突的心理压力，这种方法称为社团语言学习法，也叫咨询学习法。学生和教师都是社团中的一员，课堂上学生围坐成一圈，通过与其他成员的交流学习外语，教师则站在圈外为他们提供咨询。这种方法将外语学习过程比作病人就医咨询、寻求医生帮助的过程，重新定义了教师和学生在语言课堂上的角色——教师是咨询师，而学生是咨询者或顾客。社团语言学习法强调学习源自师生交流以及生生互动，成功的学习是包括教师和所有学生在内的整个社团的成功。在这个学习社团里教师是提供建议、支持、帮助的咨询师，学生就如同带有问题的咨询者，教师帮助学生分析问题，找到问题的根源，并通过鼓励与协助来消除学生可能出现的焦虑、挫折感等消极情感。

社团语言学习法的语言学理论基础为：语言由一套包含语音、句子、语法的标准组成，外语学生的任务则是理解目的语的基本音义关系，从而建立起基本的语法结构。

在心理学方面，社团语言学习法推崇"全人教育"的理念，强调真正的人类学习既包括认知因素，也包括情感因素，是认知过程和情感过程的统一。

在学习的过程中，师生关系是核心。教师要为学生提供一个安全的学习环境，有安全感的学生才能自由地参与语言学习和思想交流。师生间的相互理解和积极评价对于外语学习至关重要，可以用"SARD"来概括成功学习的心理要素：S 代表"安全感"（Security）；A 代表"注意—进取"（Attention and Aggression）；R 代表"记忆—反思"（Retention and Reflection）；D 代表"辨别"（Discrimination）。也就是说，当学生感到安全时才会产生动机，才能调动其认知资源，参与学习；当一个人开始参与、注意所学内容时，才能更好地记忆和反思；当一个人能够记忆和反思时，才能对所学材料进行辨别，才能类推出语言各要素之间的关系，并把课堂上学到的语言知识运用到交际中去。

社团语言学习法的大学教学过程大致如下：①学生相互介绍。②教师介绍课程目的和原则。③进入目的语课堂活动阶段。通常有如下教学活动：学生围坐一圈或两圈（通常6~12人，分成一组或两组，每组一名教师，或每名学生背后一名教师）；学生用母语提出话题或想用目的语表达的内容；教师翻译；学生进行小组活动、商议话题、准备对话、策划向另一小组传递的信息等；学生将活动中所说的目的语进行录音；学生抄写、整理录音内容。学生交流学习过程中的感受。师生分析所抄写的语言材料中的词语和语法。学生自由提问、抄写黑板上教师写下的语法分析。

社团语言学习法没有明确设定教学目标，只限于培养一般的听说能力，少数情况下包含一些读写教学。不使用事先制订的教学大纲，没有确定的教材，由学生决定学习内容。教师根据对学生的了解准备一些话题和词汇、句型，课堂内容因教师和学生的不同而不同。

社团语言学习法的主要特点可归纳如下。

第一，独特的教师和学生角色。教师是咨询师，是父母；学生是咨询者、顾客，是孩子。

第二，关注学生的情感因素，教师要创设有安全感的学习环境，消除学生的焦虑和挫折感。

第三，听说领先。

第四，不排斥母语，允许初学者使用母语，并借助翻译手段来帮助学生表达思想。

第五，分析目的语语法结构。

第六，强调师生互动、生生互动，打造一个互助互惠的语言学习社团。

第七，使用录音设备，辅助语言学习。

社团语言学习法认为语言教学是一个社会过程，关注学习内容与学生生活的密切结合，学生主动大胆，课堂气氛轻松和谐。倡导全人教育的发展观，充分体现个体的价值，实现学生认知与情感的统一。在不同的阶段，教师的作用也有所不同。在入门阶段，教师的职责是充当学生的顾问和翻译，允许学生把母语带入课堂，以锻炼他们的胆识，帮他们建立自信；随着学生的不断进步，教师要对学生的交流和讨论起监督作用，并及时提供帮助；教师的另一个重要作用就是营造良好的课堂氛围，形成相互信任、相互依赖的人际关系。

社团语言学习法虽然重视学生学习外语的情感因素，尊重学生的表达意愿，但却忽视了教师的指导作用。由学生决定教学内容，使得整个学习过程随意性太强，教学目的不明确，很难达到一定的教学效果。另外，这种方法对教师的要求也比较高，教师要具备较强的母语和外语能力，要有较强的翻译能力，而且要经过特殊的咨询培训，所以并非一般教师所能胜任。社团语言学习法更适合二语学习环境，虽然这种方法在我国的外语教学实践中很难具体实施，但仍然起到了开阔教育者视野的作用。教师可以取人本主义理念的精华，营造良好的外语学习环境，使学生在有安全感的状态下调动认知资源，主动积极地投入到外语学习活动中去，更好地进行记忆、反思、辨别，提高实际的语言交际能力。

## 四、暗示法

暗示法在20世纪70年代由保加利亚心理疗法专家和教育家洛扎诺夫（G. Lozanov）首创，因此又叫"洛扎诺夫法"。这种方法将暗示理论运用于外语教学，其神秘色彩和别开生面的教学方式受到了各方面的重视，并在20世纪70年代迅速传入欧美国家，形成一股不小的热潮。放松的策略和集中的注意力可以帮助学生唤醒潜能，更加有效地学习和记忆词汇和句型。通过无意识渠道获得的信息是长时记忆的基础，暗示法指导下的学生对材料的记忆和吸收比使用其他方法的学生快得多。因此，暗示法强调学习条件或学习环境在学习中的作用，其最显著的特点是强调教室的布置、音乐的使用以及教师的威信。教师要营造一种暗示性的氛围，轻柔的音乐、赏心悦目的室内装饰、舒适的扶手椅，教师展示语言材料时所运用的戏剧化手段等，都是为了让学生放松，从而让学生轻松愉快地学习外语。

暗示法运用心理学、生理学和精神治疗学中的整体性规律，强调让大脑两个半球都参与到学习中。在教学中，综合运用暗示、联想、想象等方式，可以充分开发学生的心理潜力，将有意识活动和无意识活动、理智活动和情感活动结合成完整的统一体。

关于暗示法的语言学理论基础，洛扎诺夫没有明确论及。但暗示法强调词汇的记忆和翻译，表明它的语言观是以词汇为中心的。

在心理学理论方面，暗示法可以使有语言天赋的人和没有语言天赋的人一样成功。在心理治疗中，音乐有三种功能：其一是建立和维护良好的人际关系；其二是音乐表演可以增强自信；其三是音乐的韵律能够使人精神焕发，音乐的节奏可以调匀呼吸。暗示法将音乐用于外语教学，通过音乐来使学生放松，并按照音乐的节奏来呈现语言学习的材料。

暗示法的主要观点包括六个组成部分：权威性、幼稚化、双重交流、语调、节奏和音乐会场景的假被动状态。

来自权威的信息能够获得接受者的信任感，也最容易被记住。暗示法认为教师的权威是教学中重要的一部分。教师对教学方法的坚定信念、教师的教学能力、媒体对于成功案例的报道等，都有利于增强教师和教学机构的权威性。

洛扎诺夫主张在暗示法的课堂上，给每个学生取一个名字，分配一个角色，学生把自己想象成小孩，教师也把学生当小孩对待，让学生在小孩般的轻松心态下学习，以消除学习外语时的紧张和焦虑情绪。

双重交流指学生不仅受直接教学的影响，而且也受到来自教学环境的影响。明亮宽敞的教室，伴奏的背景音乐，桌椅的摆设，教师的个性和教态等，都和教学材料本身一样对学生有着重要的影响。轻松愉快的学习环境能从潜意识方面增进学习效果。

语调和节奏也是暗示法的重要组成部分，不同的语调可以表达不同的内容，对学生产生不同的影响。在呈现语言材料时，声调柔和，感情真挚，在音乐的伴奏下努力做到声情并茂，不仅可以强化所学语言材料的意义，也可避免重复记忆所带来的单调枯燥之感。洛扎诺夫认为，节奏有助于潜意识反应的产生，使大脑能吸收、保持并回顾更多所学的东西。节奏的应用特别适合诗歌教学，也可应用于结构紧凑、语言简洁凝练的段落中，有节奏的朗读会使语言材料在学生的脑海里留下深刻的印象。

背景音乐可以使学生进入一种放松的状态，可以称之为"假被动状态"。暗示法认为巴洛克音乐最适合作为背景音乐，并推出了一系列的慢速乐章（每分钟60拍）。音乐节奏影响身体节奏，学生在听这些音乐时身体在放松，思想被唤醒。在舒缓的音乐中，在愉悦、轻松的状态中，学生伴随教师的朗读，去领会课文内容。

暗示法的教学目标是快速培养学生的高级会话能力。它有着详细周密的教学计划，一期课程持续30天，包括10个单元的学习内容，每周6天，每天4个小时，3天一个单元。每个单元的学习内容包括一段约1 200字的对话，并附有单词表及语法讲解。对话按照词汇和语法的难易进行编排，每个单元的教学安排如下。第一天，教师介绍对话材料的内容，然后发给学生有母语对照译文的对话材料，回答学生的问题，教师在音乐伴奏下以特定的方式朗读对话。第二天和第三天，教师就对话材料进行初步学习和拓展学习。初步学习指学习本单元的对话材料，以及150个新单词。课堂活动包括模仿、问答、朗读等。拓展学习包括鼓励学生创造新的句子和对话，阅读和对话内容相似的故事或短文，鼓励学生表达交流，并就课文内容进行角色扮演等活动。

每天4个小时的教学活动又分为三个阶段来进行。第一阶段是复习阶段，通过对话、游戏、滑稽短剧复习学过的内容，尽量避免机械练习。第二阶段呈现新的语言材料。在教师的带领下学习新的对话材料，借助译文弄懂意思，一起讨论教师认为重要的或学生感兴趣的语法、词汇、对话内容，讨论时尽量用外语，但不强求学生使用外语。教师要尽量激发学生对新材料的兴趣，同时要避免让他们产生任何心理压力。第三阶段是音乐会阶段，也是暗示法最具特色的一个阶段，旨在让学生无意中记住语言材料。这个阶段以播放音乐开始，此时一切对话活动都停止，静默一至两分钟。然后，教师随着音乐节拍开始朗诵材料，学生则放松地坐在椅子上，随着教师朗诵的节拍看所学习的书面材料，并在心中默念。朗诵完毕，静默几分钟（有的教师也允许学生起身活动一下），再进入"音乐会"的下半场。同样，静默几分钟后，音乐响起，教师再次朗诵课文，学生合上书本，静听教师的朗读。教师朗读完毕，学生安静地离开教室。教师不给学生布置任何作业，只要求学生在临睡前和次日早晨起床后各朗读一遍课文。

暗示法的主要特点可以归纳为以下方面。

第一，有意识和无意识的统一，整体大脑活动的统一。

第二，关注学生情感因素，提倡愉快的放松式学习。

第三，重视学生听说能力的培养。

第四，借助母语进行翻译和对比。

第五，容忍学生的错误，维护学生的自信心。

第六，强调教师对暗示法抱有绝对的信心，排斥其他的方法和技巧。

暗示法从心理的角度探讨外语教学，体现了对学生情感因素的关注，设计了很多技巧以促进新材料转化为人的长时记忆，对外语教学有着积极的推动作用。但是，暗示法的应用范围比较小，在实践中有一定的难度，如暗示法适用于小班教学（12 人左右），教师装饰要达到一定的标准等，大多数学校很难做到。暗示法对教师的要求也很高，首先要求教师在学生中树立威信，教师还应显现出极大的热情。教师需要接受专门的声乐训练，具有一定的表演才能和艺术才能，而且还要掌握一些心理疗法的技巧。

另外，以对话为主的语言材料缺乏真实性，在一定程度上会影响学生语言交际能力的培养。可以说，暗示法对语言理论的忽视，对形式的过分注意，以及对其他教学方法和技巧的排斥，束缚了它在外语教学领域的发展和应用。

多年来，我国英语教学一直以大班为主，课堂教学多数以教师为中心，教学以考试为目标，这造成了目前我国英语教学标准过于理性化，教学过程重知识传授，轻学生需求，尤其是个体发展的需求。然而，教育不仅要满足社会发展的需要，还应满足个体身心发展的需要。人本主义教育思想在外语教学中的应用，能让学生获得愉悦的学习体验，促进学生主动学习，从而挖掘学生的学习潜力，提高学生的外语学习效率。教师应更多地关注学生的内心世界和情感体验，帮助学生开发学习潜力，将知识和技能的学习与个体的成长结合起来，追求知、行、意三者的统一。人本主义教育理念强调学生的情感因素，注重对学生综合素质的培养，但是在实施过程中也存在着潜在的危机，"以学生为中心"的理念可能会导致教师难以实现预期的目标，如在安全感问题上，过度放松可能使学生完全失去学习压力而影响学习效果。可以说，人本主义的教学方法在思想启迪上的意义远远大于实践效果。

## 五、全语言法

全语言法注重将有意义的语言以全面的、完整的方式传达给学生，而不应该把"活"的语言分割成语法、词汇、语音等部分来进行教学。因为，语言是不可分割的，当语言被分割得支离破碎时，就不再是语言。全语言教学理念强调，外语教学要以学生为中心，注重从学生的兴趣、需要、能力、目的以及学习风格和学习策略出发，调动学生的主动性和积极性，注重语言的实践性，让学生有目的地学习和使用语言。

全语言法将语言看作人类交际的工具，语言的使用始终发生在社会情境中，这条原则既适用于口语，也适用于书面语；既适用于母语，也适用于外语。语言具有个人性和社会性，它服务于思考和交流。语言的听、说、读、写等技能，都需要在真实的环境中学习，使得学生在社会语境中达到表达和交流的目的。

全语言法的学习理论是人本主义和建构主义。全语言法的特点被描述为：真实的、个性化的、自我指导的、合作的、多元的。人本主义的学习理论强调营造宽松的学习环境。教师只有与学生建立起良好的人际关系方能对学生的学习起到促进作用，教师首先必须真诚，真正信任、接纳和鼓励学生。建构主义的学习理论强调教学指导的"协商性"，认为知识是在社会互动中建构起来的，而非接受或发现的。教师的作用是提供帮助，但要发现学生在哪些方面最需要帮助。教师的任务不是完成教学计划，而是以学生的经验、需求和兴趣为出发点，为学生提供帮助，提高其语言能力。

全语言的教学理念包括五"全"因素：全学生、全教师、全语言、全方法、全语言环境。全语言面对的是全学生，它考虑的是学生的全部，包括学生的需要、兴趣、特长及其弱项。全语言教学必须反映学生的需要，发挥他们的特长，帮助他们克服弱点。全教师是指教师在学生眼中不是权威，而是以理论为指导，与学生一起学习，把学生作为完整的人对待，教学中时刻牢记学生的需要与兴趣。全语言是指语言的各个方面，包括全文及全语言技能。全文不一定是整本的原文书，任何书写的东西，只要它在恰当的场合中意义是完整的就是全文。全技能包括听、说、读、写，不应把这些技能分割开来教；教学的焦点应集中在提高学生的综合技能上。全方法是指不要把方法与学习过程分离开来。教学方法的选用应根据学习情况的需要。全语言还包括全语言环境，语言技能的发展是语言和社会环境共同作用的结果。

全语言教学设计体现了下列教学理念和指导课堂活动的教学原则。

第一，使用真实语料进行阅读，而非为训练单个阅读技巧而编制的文本和练习材料。

第二，强调真实自然的事件，而非与学生生活体验无关的编写出来的故事。

第三，阅读学生感兴趣的真实语料，如文学作品。

第四，为理解而阅读，为真实的目的而阅读。

第五，为真实的读者而写作，而非简单地训练写作技能。

第六，认识到写作是学生探索和发现意义的过程。

第七，使用学生自己创造的语料，而非教师编制的，或其他商业化的出版教材。

第八，将读、写和其他语言技能结合，进行综合性训练。

第九，以学生为中心进行学习，学生有权选择阅读和写作的内容，教师要赋予学生权利，理解学生的世界。

第十，强调合作，与同伴一起阅读和写作。

第十一，鼓励冒险和探索，将学生的错误看作学习的过程，而非评判成败的依据。

在全语言教学中，教师扮演的是协助者、示范者和共同阅读者的角色。教师的作用在于引导学生自学，而非简单地传递知识。教师在合适的时候对学生进行指导，而非按照事先设计的教案或脚本进行教学。例如，教师引导学生在阅读中思考，提出适当的问题，并且分析学生所读的材料。教师鼓励学生将问题或故事与他们自己的生活相联系。教师引导学生分享、谈论他们所读的书籍，或把故事编成剧本进行表演。在写作中，通常由学生自己选择写作的话题，教师参与到构思、起草、修订、编辑等各个环节，进行指导。教师致力于创造一个合作的学习环境，激发学生的学习兴趣。

在全语言教学中，学生是合作者——与同伴、教师、文本作者进行合作；学生也是评价者——在教师的帮助下评价自我和他人的学习；学生还是选择者——选择学习材料和学习活动。选择在全语言课堂中至关重要。唯有具备选择学习活动、学习材料和学习伙伴的能力，学生才可能有目的地使用语言。

全语言教学倡导使用真实的语言材料，而非商业化的教材。例如，文学作品就是很好的真实语料，因为它不是为教学而编写的，作家的创作是为了与读者进行交流。其他资料包括生活中随手可得的语言材料，如报纸、杂志、书信、游记、食谱、地图、说明书、广告等，都来源于生活，构成了一种开放的、自然的、丰富的、真实的语言环境。

全语言法的教学过程并没有区别于其他教学方法的显著特色。它的核心在于一种全语言的理念，强调自然学习是具有真实交际目的的阅读与写作，突出学习阅读与写作技能的快乐。在这种理念的指导下，全语言教学的践行者根据本地的社会环境、教育目标、学校实际情况、学生的需要等，对教学行为进行适当的修正。全语言法的四个明显特征为：使用文学作品、使用过程写作法、鼓励合作学习、关注学生的态度。全语言法常用的教学活动为：组织独立的或小组的阅读和写作活动、编写对话材料、制作写作档案袋、召开写作会议、学生自创作品集、写故事。

全语言法的优势在于让学生获得真实的生活体验，课堂所学与实际生活紧密相连，能够促进学生外语能力的全面发展。然而，反对者认为全语言法是对一切外语教学法的否定——否定教学、技能训练和教材的作用，认为仅仅依靠真实的语言材料就足以使学生学会外语，并获得技能。也有人批评全语言教学不重视语音，过分强调理解的流利性而忽略了语料的准确性。全语言教学作为一项教学改革运动，倡导通过具有真实性、整体性的语言教学，增强语言学习的实际意义，提高学生学习的主动性与参与性。这些理念对于开拓人们的视野，深化教学改革，具有重要的意义。

## 六、多元智能法

多元智能法源于多元智能理论模型。传统的智能理论认为人的智能是单一的、不变的、与生俱来的，人们常用来测试智商的量表通常体现的只有语言智能和逻辑智能。新兴的智能概念提出，人的智能结构是由八种智能要素组成的。

语言智能：创造性地使用语言的能力。律师、作家、编辑、译员常常具有较强的语言智能。

数理逻辑智能：理性思考的能力。医生、工程师、程序员、科学家常常具有较强的数理逻辑智能。

视觉空间智能：感知视觉空间世界的能力。建筑师、装修师、雕刻家、画家常常具有较强的空间智能。

音乐智能：感受和创作音乐的能力。歌唱家和作曲家常常具有较强的音乐智能。

肢体运动智能：指肢体动作的协调性。运动员和工匠常常具有较强的肢体运动智能。

人际智能：即与人合作的能力。推销员、政要、教师常常具有较强的人际智能。

自我认知智能：认识、了解自己并能成功地发挥自己的才能的能力。各个领域中的成功人士常常都具有较强的自我认知智能。

自然认知智能：认识、了解大自然的能力。

人的智能具有以下四个特征：①多元性，每个人都拥有多种智能，8种智力要素同等重要，不能只强调某一种而忽视其他；②差异性，既有个体间差异，也有个体内部的差异；③发展性，人的智能可以通过后天的教育和学习得到开发和提升；④实践性，智力是个体解决实际问题的能力，是发现新知识的能力。

多元智能理论以学生为中心，重视学习过程，注重通过丰富的教学活动形式培养学生的多方面能力。这一理论得到了多国教育界的认同，并被实践运用到学校教育的多个环节，成为教学改革的一个重要指导理论。依据多元智能理论，语言教学应该摒弃对语言智能狭隘的理解，通过语言学习，除了提高语言智能外，还应该开发与发展其他智能。语言学习依赖于人的多种感官，并与其他智能有着密切的联系，如语言的节奏、语调、音量、音调就与音乐能力有密切关联。

每个学生都可能具备多项智能，但又存在个体差异，教师有必要设计不同的课堂活动以促进学生的语言习得，同时帮助学生认识到自己的潜能。在教学实践中，教师可以列出常用的课堂活动，然后根据不同的智能类型进行分类。这样就能清楚地意识到教学中哪些智能得到了重视，哪些智能被忽视了，从而改进教学活动，促进学生多元智能的发展。针对各项智能类型，可以采取不同的课堂活动。

语言智能：记笔记、讲故事、辩论。

数理逻辑智能：猜谜语、做游戏。

视觉空间智能：制作图表、看视频、画画。

音乐智能：唱歌、演奏。

肢体运动智能：做手工、实地考察、演哑剧。

人际智能：结对子、进行小组合作。

自我认知智能：进行自我评价、记日记、自主选择家庭作业。

多元智能法没有明确表述其语言教学目标，而是强调将语言课堂当作一个重要的教育场所，学生在这里了解自己的学习经历，认识自己的智力潜能，并设计自己的学习方式，最终成为一个有目标的、快乐的学生，成为一个对自己学习负责的人。教师首先要理解和掌握多元智能理论，并致力于在语言教学中实践该理论。教师在多元智能理论的指导下，开发课程，设计教学内容，组织课堂活动。教师还要突破时间、空间和教室资源的限制，成为一个优秀的演奏家，让学生的不同智能因素得到最大限度的开发。学生应该认识到自己不仅仅在学习语言，还应该将语言学习看作人格发展的一部分。多元智能课堂旨在实现全人教育，致力于创设学习环境，使学生成为全面发展的、善于学习的个体。

多元智能理论强调学生的个体差异，并倡导针对这种差异进行教学设计。尽管多元智能法的理念十分具有吸引力，但如何将之运用到外语教学中，目前还缺乏更具说服力的关于教学实践的报道。然而，教师可以将其理念融入教学中，了解学生的智能特点，设计多种活动，提供机会让学生扬长避短、取长补短。

## 七、词汇法

词汇法产生于20世纪90年代，和其他教学法不同的是，词汇法认为语言学习与交际的最基本的单位应该是单词或词汇单位，而不是语法、功能、意念等。词汇法颠覆了句法中心论，强调词汇在语言中的主导地位。外语教学的目标是培养学生准确、流利地运用目的语进行交际的能力,多年来人们不断尝试着用不同的教学方法来达成这一目标。以句法为中心的教学方法强调认知语言的内部结构,注重描述语言内部相互关联的各个要素及它们之间的联系,却往往缺乏对学生运用语言进行交际的能力的培养,容易忽略语言运用的得体性。以功能、意念为中心的交际法强调语言的意义和交际功能,重视意义的表述和信息的传递,但往往难以顾及语言的正确性,可能导致学生缺乏对语言形式的分析能力,不利于学生系统地掌握语法知识。

另外,认知语言学和心理语言学的相关理论研究表明:语言中存在大量重现率很高的词汇短语。学生从语言材料和语言交际中收集词汇、短语,并加以分析,得到可再次应用于实际交流的语言单位及语言规则,在此基础上创造新句以使语言交流形式更加丰富,交流过程更加顺利。基于此,人们提出了词汇教学法,为外语教学提供了一个新的视角。基于计算机技术的语言研究(如语料库语言学)的发展,使得大规模的语料统计分析成为可能,这为词汇教学法的应用提供了技术支撑。词汇法在本质上也属于交际法,认同交际法所倡导的诸多原则,例如,强调语言的交际功能,将外语学习看作交际技能的学习过程等。它们的主要区别在于,词汇法更加强调语言的词汇本质,及其对语言教学所产生的影响。

词汇法的核心观点是:语言是语法化的词汇,而不是词汇化的语法。因此,在语言学习和语言使用中,词汇是第一位的,语法起辅助作用,语言意义的产生和理解主要是通过词块而不是语法结构完成。词块包括固定短语、搭配和句型。词块是兼有语法和单词特征并依存于语用情景的语言单位,大量地出现在口头和书面语言材料中,是流畅连贯的语言交际的构成要素。外语教学中通过培养学生理解、积累和使用词块的能力,能够提高学生的语言流利度。

人们通常把语言划分为语法(结构)和词汇(单词)两大部分,词汇法对这种传统提出了挑战。词汇法认为语言是由词块构成的,这些词块组合起来形成连贯的语篇。自词汇法明确提出以来,人们对词块类型的划分进行了诸多的探讨。通常情况下,可以将词块划分为以下四种类型。

第一,单词。指传统意义上的词汇,即词典中所列举的词条,包括单个的词和短语。短语由两个或两个以上的单词组成,其特点是构成成分固定不变,如 by the way, on the other hand, to and fro, bread and butter,这个范畴的词块数量最大,然而后面要谈及的三个范畴却是给学生带来最大困难,同时也给外语教学带来最大挑战的词块。

第二,搭配语。指以较高的频率出现的单词组合,如 make a mistake, a broken home,

to catch a cold，absent from，guilty of，consist of，等等。

第三，固定表达。指因长期使用而形成的惯用形式，往往是符合语法规则并具有明确的语用意义的完整句子。如打招呼用语"Good morning.""It's a lovely morning, isn't it?""Happy New Year.";礼貌用语"No, thank you, I'm fine.";"I'll have to be going.";游客常用语"Can you tell me the way to... please?""I'd like a twin room for...nights, please.";俗语"Hang on, you're putting the cart before the horse there.""You're making a mountain out of a molehill."。

第四，半固定表达。指一种带有空位的结构性句式。如"Could you pass me...please?""Hello. Nice to see you. I haven't seen you for...""That was really interesting（surprising/annoying）..."

词汇法所蕴含的学习观包括以下几点：①语言不是通过学习单个的音、结构及其组合学会的，而是通过提高对整体进行分析的能力学会的；②语法的习得是一个观察—假设—验证的过程；③人们可以有效地整体使用短语，而无须理解其组成部分；④与目标语水平更高的人交往，习得速度会加快。

语言知识的获得和交际能力的提高是通过扩大学生的词汇组块，提高学生的搭配能力，让学生有效掌握最基本的词汇和语言结构来实现的。词块习得是创造性地建构规则的基础，在外语习得过程中占据重要地位。

词汇法的运用已经并仍将继续在教学内容和教学方法等领域引发热烈的讨论，其影响涉及当下课堂教学实践的方方面面。

词汇法理念下的教学实践将更加重视以下方面。

第一，词块——不同类型的多词组块。

第二，那些将英语作为外语的教材中未曾涉及的特殊语言领域。

第三，初级学生的听力能力和高级学生的阅读能力。

第四，基于母语与外语对比和翻译的教学活动。

第五，将词典作为积极学习的重要资源。

第六，学习基于实际运用的语言而非基于语法所构造的语言。

第七，整理学生笔记，发现规律以帮助提取。

第八，学生课堂外可能接触的语言。

第九，教会学生最大限度地利用语料（学会分析语料，领会语言）。

此外，词汇法教学实践弱化句法练习，如仅涉及单句的填空和句型转换，以及少数搭配能力弱的名词，避免在课堂上为了说而说（口语表达应服务于语言学习和实际交流的需要）。词汇法并不反对教语法，它所反对的是过去那种语法占主导地位，忽视词汇教学的做法。词汇法体现了一种外语教学理论和思想的转变，它提高了教师和学生对词汇的重视以及对词语搭配的敏感性，强调了学生在自主学习中认知和运用词汇短语的必要性。

  词汇法教学对词块的重视，可以帮助学生提高语言流利性，提高理解的效率，奠定语言发展的基础，但是实施起来有一定的障碍。首先，如何对纷繁复杂的词块进行分类、如何选择和安排教学内容等难度较大；其次，语料库的发展固然为词汇法的实施提供了技术支撑，但需要与之配套的软硬件环境，如教学设施、语料库建设，检索工具，对教师和学生的培训等；最后，词汇毕竟只是交际能力的一个方面，如何通过词汇教学发展学生全面的交际能力，词汇法的倡导者尚未提出操作性较强的教学设计方案和教学步骤。

# 第三章　大学英语教学策略

## 第一节　情感教学策略

### 一、情感教学的内涵

英语情感教学，是指充分发挥情感在英语教学中的功能，优化学生的态度、体验、情感等，合理对待教学过程中认知与情感的关系，从而提高英语学习效果，实现教学目标。简言之，它既是通过情感进行英语教学，也是为了发展情感进行英语教学。英语情感教学是一种教学模式，也是一种教学策略，还是一种教学目标。

英语教学中存在的情感源点有教师、学生和教材。

教师是教学的组织者，其具有稳定的高级情感，是英语教学中最重要的情感源点。教师的情感因素有以下三个来源。

一是主导的情绪状态。它是教师在教学活动中的情绪基调，受人格特质和自我修养的影响。

二是对教育和教学工作的情感。教书育人的事业，关系到社会的进步，需要教师投入足够的情感。

三是对学生的情感。教学是师生之间的交往，这就要求教师对自己的教学对象满怀爱心和情感。

学生作为一个情感源点，在教学活动中更多地是接受外界的情感刺激，并形成内部情感。学生的情感包括以下三个方面。

第一，主导的情绪状态。它是学生在教学中的情绪基调。

第二，对学习活动的情感。它是学生对学习表现出的态度。

第三，对教师的情感。其主要包括尊重、敬爱、畏惧、对抗、憎恨。

教材是呈现人类认识世界和改造世界的成果的文本，是教育者意志的体现。教材中的情感因素有显性和隐性两个方面。显性情感因素，是指教材中通过语言、图片等直接表现的情感，如艺术类教材中的歌曲、舞蹈、绘画、雕塑、摄影等作品。隐性情感因素是指在反映客观事实的过程中附带的情感。例如，作者在记叙历史时，难免带有个人的主观情感。

## 二、情感教学的理论基础

情感教学的理论基础，包括情知矛盾观、情感系统观、情感功能观和导乐观。

### （一）情知矛盾观

情知矛盾观认为，教学中的认知因素和情感因素是一对矛盾。认知上的矛盾是教学的要求与学生的实际认知水平之间的差距，情感上的矛盾是教学的要求与学生当时的情感体验之间的差距。前者涉及的是学生能不能学、会不会学的问题，即可接受性问题；后者涉及的是学生要不要学、愿不愿学的问题，即乐接受性问题。教师要努力使两方面达到和谐统一。

### （二）情感系统观

如前文所述，英语教学中有三大情感源点，即教师、学生和教材。这些情感因素在教学活动过程中被激发，并产生动态的三大回路，即师生间伴随认知信息传递而形成的情感交流回路、师生间人际关系中的情感交流回路和师生情感的自控回路。这些回路形成了教学中情感交流的动态网络。教师在英语教学中应充分发挥情感功能，使情感回路变成一个有目标、有秩序的情感交流系统。

### （三）情感功能观

在情感教学领域，情感具有以下三种功能。

第一，动力功能，它是指情感对个体的行为具有增力或减力的效果。积极的情感有利于激发学生的主动性；消极的情感则起到相反的作用。动力功能和学习效果呈正相关。情感还能通过调节情绪，来提高学习效率。

第二，感染功能，它是指一个人的情感对其他人的情感产生影响。这就要求教师在教学中保持积极愉悦的情感，以此感染学生。

第三，迁移功能，它是指一个人对某个对象的情感会影响他对与之有关的其他对象的情感。例如，学生会因为喜欢教师而喜欢该教师所教的学科，所以教师应通过人格魅力来赢得学生的好感。

### （四）导乐观

教学的苦学观和乐学观之间的争论由来已久。情感教学相关理论认为，学生的学习没有所谓的苦乐属性，苦可以发展成乐，而乐也可以发展成苦，苦乐是动态发展的。当学习满足学生的需要时，学生就获得乐的体验；而当学习不满足学生的需要时，学生则有苦的体验。学生乐学有利于提高学习效率、实现教学目标，因此应该大大提倡。然而学生的乐学离不开教师的引导，情感教学就是"导乐"的有效手段。

## 三、情感教学的要素

英语情感教学体现的是英语教学过程中与情感因素有关的结构和程序，它只是单独从情感维度来理解英语教学过程，具体包含以下四个基本要素。

### （一）诱发

诱发是指激发学生对学习内容的兴趣，以此来使学生积极地参与当前的认知活动。英语教师是在规定的时间、地点，依照规定的教学程序、进度，传递规定的英语知识。这一系列的"规定"让英语教学活动变成一种固定的操作程序，无法满足学生当时的实际需求。而且，求知需求往往不是学生最为迫切的需求，这一现象背离了英语教学目标。况且，即使学生当时有求知需求，其求知需求的具体内容也会与特定的教学内容有分歧。英语教学中普遍存在英语教学活动与学生当时的具体需求不符合的现象，因此英语教师应懂得如何使自己的教学成为学生学习的诱因，激发学生的学习兴趣，使学生走上主动学习的道路。

## （二）陶冶

陶冶是指培养学生高尚的情感以及良好的人格。教材中蕴含丰富的情感现象，具体可分为以下四种类型。

第一，显性情感因素，即通过语言文字等直观形象材料能使人直接感受到的情感因素，艺术、语文、英语等教材中较为多见。

第二，隐性情感因素，是指在反映客观事实的过程中能使人感受到的情感因素，在历史、地理类教材中较为多见。

第三，悟性情感因素，是本身不含显性或隐性情感因素，但具有引起情感的某种因素，主要存在于理科类教材中。

第四，中性情感因素，是目前的认识水平无法体会到的情感因素，仅限于理科教材中，但教师可以通过情感教学策略使学生感受到情感。

## （三）激励

激励是指在学习过程中，不断增强学生的自信心，激发学生的动力。随着学习任务的加重、学习难度的加大、学习挫折的累积，学生需要补充学习动力。教学评价就是一种情感激励手段，并且它还是学生获得学习反馈的主要形式。教师对学生多进行肯定、鼓励，同伴对彼此多给予支持、赞赏，会对学生产生良好的激励效果。情绪对人的学习行为具有强化作用，积极愉悦的情绪有助于学生调动积极性，提高学生的创造力，帮助学生养成良好的情感品质。教师要创设条件让学生体验成功，并利用好这一手段。

## （四）调控

调控是使学生的情绪始终处于有利于学习活动的状态。情绪在很大程度上决定着身体的成长、智力的发展和情感的培养。但是，持续的、愉快轻松的情绪状态不一定最有利于学习。例如，对学习成绩在中等以上的学生来说，焦虑能提高他们认知活动的效率；对学习成绩在中等以下的学生来说，过度焦虑会削弱他们的创造力。一般情况下，强度适中的情绪状态总能为认知活动提供动力。

# 第二节 分级教学策略

## 一、分级教学的理论依据

### （一）迁移理论

迁移在心理学上是指旧知识、技能影响新知识学习的一种过程。语言迁移是指一种语言对另一种语言的学习所产生的影响。语言迁移是一个认知心理过程，受诸多因素影响。语言迁移包括母语对第二语言习得的影响和母语向第二语言的"借用"。前者为"基础迁移"，后者为"借用迁移"。成人使用母语中的时间太长，以至形成了根深蒂固的母语习惯，这必定会影响第二语言的学习。语言迁移在多数时候研究的都是母语对外语学习或第二语言习得的影响，这时候的语言迁移一般指的是母语迁移。

在第二语言习得过程中，与母语接近的地方较容易学习，与母语有区别的地方较难学习。当外语和母语的相似度比较大时，就容易引起正迁移。通过对比分析跨语言的差异，人们可以确定第二语言习得的困难。研究发现，第二语言习得的困难不总是源于跨语言差异，这使得母语在第二语言习得中的作用重新受到重视。

中国学生是先学习母语的，所以中国学生的英语学习会受到母语学习经验的影响。只有通过语言迁移这个关键问题，才能科学地解释中国学生学习英语时的认知心理过程。研究语言迁移，有助于解释母语在外语学习过程中的作用和外语教学中应如何科学地运用母语等一系列外语教学的根本问题。有人错误地认为，汉语与英语在语言、文化方面的不同，导致汉语母语的负迁移作用大于正迁移作用，所以在课堂上尽量不用母语，从而避免母语干扰，学到地道的外语。然而，学生的母语学习建立在正常的思维能力的基础上，学生学习母语后，不可避免地会用母语来思考。

### （二）监察理论

人的大脑有两个独立的语言系统，分别是有意识的监察系统和潜意识的系统。该理论具有以下五个假说：习得—学习假说、监察假说、自然顺序假说、输入假说和情感过滤假说。

1.习得—学习假说

习得—学习假说是这五种假说里面最基本的一种假说,该假说的核心在于对"习得"和"学得"的区分,以及对它们在第二语言能力形成过程中所起的作用的认识。根据"习得—学得"假说,成人习得第二语言主要通过两条不同的途径实现。

第一条途径是"语言习得",也就是通过无意识地构建语言体系来获得语言能力。习得者主要关注语言所传递的信息,而不是将注意力放在语言形式上,进而通过目的语交流,自然、无意识地提高语言能力。

第二条途径是"语言学得",也就是在理解教师所讲解的语言现象和语法规则的基础上,进行有意识的练习、记忆等活动,进而掌握其语法概念,了解所学语言。

习得是潜意识地形成语言能力,而学得是有意识地掌握语言结构。二语能力的发展只能通过语言习得,而学得只能在语言运用中起监督作用,不能视为语言能力本身的一部分。习得是第一位的,学得是第二位的,但也并不排斥学得的作用。

但是就当前的大学英语教学而言,学生的语言综合能力既有习得的结果,也有学得的结果。在二语学习的过程中,二者是相辅相成的。

2.监控假说

监控假说认为,人的大脑中有两个独立的语言系统:有意识的监控系统和潜意识的监控系统。监控系统是一种"意识到的语法"。在语言学习过程中,监控系统一旦发生作用,就会具有编辑、控制的功能,它使语言使用者更加关注语言形式的运用而不是语言内容的表达。这一理论体现在语言习得与语言学得的内在关系上。根据此假说,正在学得或已经学得的规则在于对那些按习得的规则说出的话语进行监控和修正,学得的知识通过言语的监控起作用。监控作用的实现需要具备以下三个条件。

第一,要想有效地选择和运用语法规则,语言使用者必须要有足够的时间。

第二,语言使用者的注意力必须集中在所用语言的形式上,也就是说,语言使用者必须考虑语言的正确性。

第三,语言使用者必须已经具有所学语言的语法概念及语言规则等知识。

在日常生活交际中,如果语法规则不是通过习得获得的,人们往往倾向于关注交际的内容而不是形式,也就是说他们很有可能没有时间去细细推敲语法,因此这些语法规则可能在短时间内无法付诸实践。所以,在口语交际中,如果一方过度关注语法,时刻注意自己口语中语法的准确性,并对其中的错误加以纠正,就会使得自己的语言不流畅,进而使对方有结束这次交际的想法,很可能达不到交流思想的目的。但在需要事先做好准备的正式发言和写作中,语法的使用能提高语言的准确性,进而为演讲或文章增添色彩。

### 3.输入假说

输入假说是二语习得理论的核心内容。"可理解的语言输入"是语言习得的必要条件,输入材料本身和输入的方式会影响情感过滤的结果和输出的质量。在第二语言学习的过程中,需要让学习者理解,只有输入语言超过其现有的语言水平,语言习得才可能发生。学习者通过情境提示的帮助去理解这些语言,最终就自然而然地形成了产生语言的能力,并不需要教师的传授。

理想的输入应该有四个特征:可理解性、既有趣又关联、非语法程序安排和足够的输入量。其中,需要特别说明的是,"既有趣又关联"是指输入的语言应当与学习者相关并且能让学习者感兴趣。这样,学习者就可以在不知不觉中轻松地习得语言。"非语法程序安排"是说按语法程序安排的教学行为并不可取,也没效果,足够的可理解的输入对语言习得才是重要的。"足够的输入量"即给学习者提供足够多的语言材料。创造性构建程序是学习者依据已习得的规则构建新的语言形式的程序。例如,学习者在习得一般过去时的动词规则时,理解了"动词原形+ed"的语言形式,如 worked、walked 等,这样的语言形式便可能成为下一步要习得的规则。如果学习者在输入中继续听到"动词原形+ed"的语言形式,便可最终习得这种语言形式。此外,学习者还可以利用创造性构建程序,根据"动词原形+ed"的语言形式,创造出 knowed、maked、weeped 等语言形式。由于此种语言形式不会被后来的输入证实为正确的,因此是过渡形式。这样,学习者后来会放弃它,不把它作为下一步要习得的规则。直至学习者在后来的输入中听到了 knew、made、swept 等语言形式,并注意到 knew、made、swept 与 knowed、maked、sweeped 之间的差异,这些不规则动词的形式才会被确定为下一步要习得的规则。

### 4.情感过滤假说

情感过滤假说认为,大量适合输入的环境并不能保证学习者可以学好目的语,情感因素也会对第二语言习得的进程产生诸多影响。通过情感过滤,语言输入才有可能变成语言"吸入"。在语言进入大脑的语言习得器官的过程中,输入的语言信息必须经过过滤这一道关卡。那也就意味着,情感因素在第二语言习得的过程中可以有着积极或消极的影响,也可以说是促进或阻碍。其中,有三个心理上的因素制约着习得者的语言学习速度和质量,习得者不是将他所听到的一切全部吸收,具体如下。

第一,动力。学生者是否拥有明确的学习目的,这关系着他们的学习效果。学习者只有具备了明确的目的，他们才会获得较大的动力，进步也会比较快。

第二，性格。通常情况下，如果学习者拥有自信、外向的性格特征，并且愿意接受陌生的学习环境，他们就会较快地取得学习上的进步。

第三，情感状态。学习者是处于焦虑还是放松的精神状态，会直接影响着外界的语言输入。放松的心情和舒适的感觉显然能让学习者在较短的时间内学得更好。由此可见，学习者的情感因素在很大程度上决定着第二语言的习得效果。

5.自然顺序假说

根据自然顺序假说的基本观点，学习者遵循一定顺序习得语言结构知识，并且该顺序可以被预测。有些学习者对某些语法结构掌握得较早，而对其他的语法结构掌握得较晚。不是每一个学习者都有完全相同的习得顺序，然而这种顺序可能具有某些类似的地方。当学生和成人同时学习第二语言时，他们都是先了解现在时然后再学习过去时，先掌握名词复数然后再掌握名词所有格。如果将习得某种语言能力作为学习目标，教学大纲不一定要受这种顺序的制约。自然顺序假说重新明确了第一语言和第二语言学习的关系。有时候，第一语言通常被认为是学习第二语言的一大障碍，但事实上并非如此。第二语言和第一语言可能有许多相同的规律，其语法顺序并不总是受到第一语言的干扰。中文和英文在语言功能上是相同的，在某些语言表达方式上也有共同之处。在课堂上，教师有时需要借助母语以使学生快速、准确地理解英语，而不是简单地对语法结构进行排序。

## 二、分级教学的流程

### （一）科学分级

级别设置的科学性是分级教学能否达到理想教学效果的前提和关键。在实施分级时，要遵循个人意愿与统一考核分级相结合、实际水平与考试结果相结合的原则。此外，需要有科学的分级试题和分级标准。就学生的基础能力和发展潜力来看，可以将学生分为三个级别，即初级、中级和高级，具体要求如下。

第一，初级班学生的语音和语法等基础知识都不太扎实，教学时应放慢进度，强化学生对基础知识的掌握。

第二，中级班学生的英语水平一般，但往往对听说英语感到畏惧，处于这个级别的学生数量最多，可以按照正常进度教学，并使他们在英语四级考试中取得好的成绩。

第三，高级班学生的英语水平普遍较高，具备一定的听说和读写技能，但是听说能力还需要加强，教师应尽量使他们通过英语六级考试，并取得较好的成绩。

## （二）保持区分度

在分级考试中，有些学生可能因为一分之差没有进入高级班，多一分少一分也许还不能证明英语能力的高低。这时候，分级考试的界限就显得不客观、不灵活了。为了提高区分度，可以让学生自己参与分级，实行双向选择。学生最清楚自己的英语水平和学习兴趣，他们由被动选班变为自主择级，可以能增强其学习英语的积极性和自觉性。具体方法依然是参考高考和摸底测试的成绩，同时公布各个级别的不同起点，以及听说读写各方面的学习要求和最终目标。学生可以根据自己的学习兴趣申请对应级别，由学校最终审定。

## （三）落实升降机制

分级教学要采用灵活的升降调整机制，它是指通过考核和征求意见的手段，在一定范围内定期调整学生的级别，使学生所受的教育和当前的状态相匹配，因为高级班和初级班的教学进度、教学形式有很大差别。对于进步的学生安排升级，这样不仅可以提高学生的积极性，还能为其他学生树立榜样；对于退步的学生要安排降级，这样可以激励退步的学生重新调整学习策略，以便取得更大的进步。当然，也可以只在初级班和中级班之间实施升降机制，初级班和中级班统一教材，统一进度，定好升降级的比例或者名额，一定周期进行一次微调，这样不仅做到了不同级别之间的良好衔接，而且科学合理。

## （四）完善评价机制

在分级考试中，各级别的学生一般采用不同难度的试卷，这就可能出现一个问题：高级班学生的英语成绩低于部分中级班或初级班的学生。为了有效解决这一问题，需要完善分级教学的评价机制，可以尝试增加平时表现在总评成绩中的比重，注重过程性评价，利用形成性评价与总结性评价相结合的方式来确定最终成绩。此外，还可以根据各级别试卷的难度引入加权算法，设定一个科学的系数，整体调整高级班或者初级班学生的分数。

# 第三节 个性化教学策略

## 一、个性化教学的概念

个性化教学不是一种学习方式或方法,而是一种教育理念。对教师来说,个性化教学就是因材施教。教师要考虑学生的个体差异,运用多种教学方式和教学手段来满足不同学生的需求,教师要对学习中产生影响的各方面的因素,如学习动机、认知类型、性格等做深入的了解,要充分发挥学生在学习中的主体作用,让学生可以根据自己的特点和需求,在更大程度上自由地选择适合自己的学习资源,能够按照适合自己的方式和进度来学习他们所需要的内容。

当然,个性化教学不等于放任自流,学生的学习是在教师的监督下合理、有序地完成的。教师为学生适时地提供科学的指导。因此,个性化教学应该是以多种形式和方法促进每个学生全面、和谐地发展。

## 二、个性化教学模式

大学英语个性化教学策略的实施是一个长期探索的过程,仅靠教师个人的努力是不够的,整个教学策略的有效实施需要学校、家庭、学生的积极配合,这样才能达到更好的教学效果。

### (一)建立个性化教学组织

大学英语个性化教学策略的顺利实施需要强有力的个性化教学组织进行保障,个性化英语教学组织应承担以下职责。

首先,个性化教学组织需要运用科学合理的方法测试出学生所具有的个性化差异,以便教师根据不同学生的特点有效地组织教学活动。其次,个性化教学组织要对学生进行合理分组,科学地安排课程。由于影响学生个性化差异的因素有很多,每个学生所具有的个性化特点也不尽相同,这就要求个性化教学组织有效地对学生进行分类,并安排分组教学。最后，个性化教学组织要根据教学的进展情况，适时地组织校内外的专家和教师开展教学研讨，有效解决教师在教学中遇到的一些问题。

### （二）建立校内外教师个性化教学协作团体

为了更好地促进英语的个性化教学，需要在校内外建立个性化的教学协作团体，协作团体要发挥英语学科教师的特长，为不同个性小组的学生分配教学任务，此外还要加强与其他学科教师的协作，根据学生的需要组织授课，实现对学生的个性化教育。受校内教学理念的影响，很多英语教师在教学过程中采取的教学方法都具有该校的教学特色，为了更好地促进大学英语的个性化教学，还要建立校外的英语教学协作团体，进一步拓展个性化英语教学。

### （三）个性化教学与集体教学紧密结合

大学英语的个性化教学与集体教学并不是对立的，在一定条件下将个性化教学与集体教学结合在一起，可以有效地促进英语教学。集体教学作为传统的教学方式具有教学时间短、传授知识比较全面的特点，可以在很短的时间内完成教学任务，对学生的英语学习具有一定的帮助；个性化英语教学虽然可以根据学生的不同特点组织教学，可以达到良好的教学效果，但是需要消耗大量的教学时间和教学精力。根据大学英语教学的实际情况，将个性化教学与集体教学相结合是目前比较科学的课程安排形式。

## 三、个性化教学方法

### （一）情境教学

情境教学是指在教学过程中，教师有目的地引入或创设具有一定情绪色彩的、以形象为主体的生动具体的场景，给学生带来一定的情感体验，从而帮助学生理解教材，并使学生的心理机能得到发展的教学方法。其核心在于激发学生的情感。

情境教学的基本步骤是：创设情境，学习语言；进行书面练习，巩固结构。在情境教学的课堂上，英语是教学语言，教师应用英语组织教学，解释语言项目，布置课下作业。如果在解释语言词汇或结构时碰到一些难以解释的项目，教师也可使用母语讲解，但不鼓励学生使用母语。

情境教学的形式有多种,如角色扮演、对话、辩论等。下面重点介绍三种教学形式。

1. 辩论

辩论从根本上来说就是一场比较激烈的对抗赛,而且竞争的色彩比较重。辩论是一场对综合能力进行考评的活动,要求参与人员不仅要有很强的口语表达能力,还要有较强的逻辑思维能力,口齿要清晰,大脑要飞速运转,还要具备善于抓住对方的漏洞进行反击等能力,这是对参与者的综合能力的极大考验。进行英语辩论的场所通常是教室,参与双方针对所给出的论题用英语对自己的观点进行阐述,以期用最有力的论据和表达战胜对方。这是英语口语训练的有效方式之一。

2. 角色扮演

角色扮演也是教师在教学过程中对学生的口语能力进行训练的方式之一,而且现在越来越多的教师愿意采用这一形式。其目的主要是让学生不再胆怯,勇敢战胜自己的消极情绪,在众人面前表达自己内心的想法。

这一方式通常是和小组学习结合在一起使用的,教师可以按照不同的剧情要求分配给学生不同的角色,学生可以通过与组内成员的相互配合来完成规定情节的演绎。这种方式不仅可以锻炼学生的胆量,使他们勇于展现自我,还可以加深学生对角色台词的理解,使他们在日后更好地运用这些词、句。

3. 对话

与前面的两种方式相比,对话的形式更常见而且更容易操作,因此教师在英语教学过程中更愿意使用这样的形式。

对话的优点主要有:第一,对话不会占用太长的课堂时间,对学生来说是可以接受的;第二,对话的内容会更生活化一些,甚至是身边一些比较常见的话题,这对学生来说更容易理解一些;第三,通过对话,学生可以锻炼自身的口语技能,提高自身的应变能力;第四,由于对话的对象是自己组内熟悉的同学,所以学生在进行对话的过程中不会产生太过强烈的紧张感,这有助于对话愉快地进行下去。

(二) 交互式教学

交互式教学是 20 世纪 70 年代初出现的一种教学方法。它以语言功能为纲,着重培养学生的交际能力,强调语言教学必须以学生为中心,教师应提供真实的、有意义的语言材料，创设真实自然的语言环境，使学生进行有意义的学习。交互式教学的教学过程围绕语言功能的特定任务展开，吸收了其他教学流派的优点，形成了自己的特点。

交互式教学的教学目的是培养学生的交际能力，学生能在不同的交际场合运用所学语言与不同的对象进行有效、得体的交际。交互式教学重视师生之间、学习者之间的相互支持和促进，教师的主要作用是扮演学生学习的促进者，在英语教学环节中主要体现为小组讨论、辩论等形式。交互式教学强调语言的流利性，不太重视语言的准确性，故而，在课堂上，教师要鼓励学生大胆开口，使用语言交流思想，以培养学生的语言交际能力，而不要急于纠正学生的语言错误，以免影响学生的语言流畅性和表达积极性。交互式教学重视对目的语国家文化的学习，同时注意介绍文化差异，注重传授跨文化交际知识，以便进行有效且恰当的书面交际。

### （三）掌握教学

所谓掌握教学，就是要求教师既能帮助"慢生"，又能帮助"快生"很好地学习，使他们获得各方面的发展。掌握教学是一套有效的个性化教学实践，采用个别的、小组与集体相结合的形式进行，由教师与学生共同掌握教学进度。

#### 1.基本原理

学生要认识世界、认识自己，就必须借助前人积累的知识。在学习知识的过程中，学生利用其自身原有的观念吸收、消化新的知识，使新知识成为自身原有知识的一部分，使原有的知识观念得到发展。尽管学生不断获得和掌握知识，并为此感到自豪，但是学生知识的增长并不意味着学生"无知"的范围在逐渐缩小，因为随知识的增长，学生的认识范围也在不断扩大，所感知的未知领域也在扩大。

尽管掌握教学旨在帮助学生获得知识、掌握知识，但掌握知识不是教育的最终目标，掌握知识的目的是提高学生学习的自觉性。

#### 2.影响学习的因素

（1）先决认知行为

先决认知行为，是指学习者掌握了多少基础知识，以及学习者的能力倾向等。它是学习的前提。先决认知行为对学生的学习有相当大的影响，缺乏这种前提的教学没有支撑点。对于每个学习者来说，其先决认知行为总是在不断积累的。这样，教师在进行教学活动时，第一步就是要在传授知识前，先诊断学生原有的知识水平，然后才能"对症

"下药"，提供适合学生学习的学习任务。但是，教师在诊断学生的先决认知行为时，有三种不同情况。

第一，在连续的学习任务中，对学生的先决认知行为的诊断相对容易。因为在按顺序排列的连续的学习任务中，每个学习任务都包含了以后的学习任务所需的先决认知行为。

第二，在刚开始学习一门课程时，对先决认知行为的诊断有些困难。因为教材的编写者往往更重视知识的逻辑顺序，对学习者的接受顺序则考虑不足。

第三，学习者的已有知识并不可能都成为其后继学习的先决认知行为。除了极少数智力迟钝者，绝大多数学习者在有准备的情况下都能够完成学习任务。一项学习任务一般又可以分解为几个小的学习单位，从知识的逻辑关系与学习者的学习心理出发，小的学习单位是按照先后次序安排的，前一个学习单位是后一个学习单位的必要条件。

（2）先决情感特点

所谓先决情感特点，指的是学习者对所学课程所持的情意、态度、兴趣、信心等非智力因素的总和。不同的学生对其所学习的科目有不同的态度与偏好，同一个学生对不同的学习科目也有不同的态度和兴趣。这种先决情感特点对学生的学习成绩有着决定性的影响。那些带着兴趣与热情学习的学生，其学习效果自然比那些对学习毫无兴趣的学生的学习效果更好。而这种情感组合的影响力既与学生以前的经历相关，又与他对某一学科的先前学习有关。只要在教学过程中使学生始终感到自己有学习的能力，能够体验到学习的成就感，那么他就具有继续学习的情感基础。

（3）教学质量

教学质量，是指对学习任务各要素的表达、解释和安排顺序是否适合学习者的学习程度。教学质量对学习者的影响力主要取决于教师的素质。一位高素质的教师往往在学科知识、教学技能和教学态度方面具有自己的独特性。一位有经验的教师在传授知识时往往只给一些提示，保证学生专心于学习的过程，并进行适当的强化。提高教学质量，可以克服学生先决认知行为上的不足。此外，运用反馈与矫正的方法，可以克服学生在学习过程中的消极情绪。对于那些学习能力较弱的学生来说，教师的教学态度尤为重要。

3.基本步骤

掌握教学是围绕单元教学展开的。在教学之初，先对学生的先决认知行为、先决情感特点进行诊断，然后根据学生的特点安排学习单元。当学生完成了学习单元的任务后，教师就可以根据学生的学习情况设计新的学习单元。当学生未达到教学要求时，教师需通过补救或矫正的方式，帮助学生完成学习任务。这样，掌握教学就形成了一个依次递进的单元教学系列。

根据掌握教学过程的特征，可以对掌握教学进行设计，其中主要是考虑教学的基本步骤。

（1）确定教学目标

清晰而明确的教学目标是掌握教学的前提，也是课后评价的标准。教育目标分为认知领域、情感领域和动作技能领域三个维度。

认知领域的教育目标由低级到高级共分为六级：知识、领会、运用、分析、综合和评价。

情感领域的教育目标由低级到高级分为五级：接受（注意）、反应、价值化、组织、价值与价值体系的性格化。

动作技能领域的教育目标分为七级：知觉、定向、有指导的反应、机械动作、复杂的外显反应、适应和创新。

教师应根据教育目标分类学的规定，将每一学科的教学目标具体化。

（2）组织单元教学

根据具体的学科教学目标，确定每一单元教学的具体目标。单元的划分应依据教学内容而定，一般按章节划分，也可按教学时间划分。

（3）实施教学

为了使每个学生都能完成学习任务，教师必须实行个性化教学。通过对学生的先决认知条件、先决情感特点的诊断，提供必要的准备知识，并帮助学生树立学习信心，激发学习动机，使学生积极主动地学习并坚持完成整个学习过程。

（4）设计形成性评价

形成性评价只反映学生在学习过程中的进步状况，而不是把测验结果与其他学生进行比较。编制的测验题目应与教学目标、教学单元相匹配，目的是及时诊断学生在本单元学习中的知识掌握情况。形成性评价需要在学习内容的广度和深度上对学生进行评价。

（5）组织补救教学

根据形成性评价的结果,掌握了本单元大部分知识的学生可以进入下一个单元的学习。而对那些未达到要求的学生，必须进行补救教学。通常一个单元的教学必须有一个课时的补偿教学。补偿教学不是简单地重复教学内容，可采用多种方法进行，要尽可能根据学生的特点进行补救教学。

（6）设计充实的教学活动

对于那些达标的学生，则可设计充实的教学活动。通过更为广泛的与学生特点相一致的充实性学习，使学生得到更全面的发展。

（7）进行总结性评价

在一个学期或学年结束时，必须就每门学科的学习进行总结性评价。一般来说，一个学生参加考试后，教师所评定的分数是总结性的。这种总结性考试的成绩被用来评定学生对学习内容的掌握情况和学习任务的完成情况。

（四）策略教学

策略教学是指以系统培养学习者的学习策略为核心的教学方式，即让学习者学会学习，进而达到自己独立自主学习的效果。

策略教学的思想最早可追溯到我国古代的"授人以鱼，不如授人以渔"。除了要让学生掌握知识，学校还应培养学生的学习能力，使学生在离开学校后，还能依靠在学校里学会的学习策略，不断进行自主学习。策略教学就是在这种背景下提出来的。

策略教学的目的是帮助学生掌握自主学习、信息加工与处理，以及解决问题的策略。其教学原则如下。

第一，学习是一种分析学习任务和为特定情境设计恰当策略的解决问题的形式。

第二，学习策略首先指个人用来完成教学目标的计划，而教学计划都具有学生自己的个人风格。

第三，为有效地进行学习，策略教学要求有具体的学习技能或技巧。

第四，在大多数教学情境中，策略教学一般侧重于为创造性学习目标（而非知识性目标）服务。

（五）参与式教学

1.基本原理

参与是一种思想理念，强调所有有关人员对相关事情的决策、规划、实施、监测、评估等活动的介入；参与是一种实践性的活动，既强调活动过程中参与者的"在场性"，也强调参与者共同生成活动的结果。参与是一个不断发展、演化的过程，在这个过程中，参与者要明白自己是参与的一分子，而非"局外人"，明白自己参与的目的是使自己的自尊、自信和自主性都得到提高；参与是参与者的一种投入状态。从个体的角度看，参与是指个体在认识活动中认知和情感方面的投入，个体与其他个体间的互动，个体与群体之间的相互影响的方式和程度等。从群体的角度看，参与是指所有参与者的总体投入状况，包括他们所形成的小组类型、小组内不同角色的分工、小组的竞争与合作机制、小组的发展阶段和特点等。

有了对参与的理解，我们可以认为参与式教学是指在自由、民主、平等的教学氛围中，教师采用灵活多样的教学手段和教学方法，以学生为中心，而学生也自愿、主动、积极地参与教学的各个环节，与教师共同推进教学的一种教学模式。与以教师、教材为中心，以黑板、粉笔为媒介的传统教学模式相比，参与式教学努力创设一种能使学生真正成为教学的中心、学习的主体的教学氛围。主体参与可以活跃课堂气氛，满足学生的表现欲、发展欲，这是教学的生命线。通过主体参与，学生将会对教学内容有选择的机会，对教学进度提出建议，与教师一道设计教学方法，积极参与并对教学过程进行适当的调控、干预以及对教学结果进行评价等，真正发挥学生的主观能动性。

### 2.基本特点

（1）全体性

强调全体师生的参与。参与教学是全体教师、全体学生参与的教学。而每个学生都应该是积极参与的主体，都不应该被忽略，教师对待他们不得有差别。每个学生都有平等的参与机会，都有发表自己观点的权利与义务。同时，教师的参与不是指某一个教师唱独角戏，而是要同一年级、同一学科的教师加强交流，在交流中就教学经验取长补短，充分发挥主观能动性。

（2）全面性

强调师生全方位地参与教学的各个环节。教学是一个过程，包含很多环节。学生参与教学，就要参与教学的各个环节。具体包括：在课前，学生与教师共同进行教学设计，如设计教学内容、教学目的、教学重难点、教学方法、教学手段、教具以及教学的具体步骤；在课中，学生以提问、讨论、回答等形式参与教学；在课后，通过查阅资料、完成作业、继续讨论存在的问题、参与实践或实训等方式，与教师和同学交流。在整个过程中，学生可以向教师、学校领导等提出教学建议，对教学实施监控或干预。

（3）开放性

强调教学方法、教学内容、教学媒体、教学评价的开放性。教学要想有效果、出成绩,就必须有方法,但无统一、固定的模式。哪怕对相同的学生,不同的教师也可能采取不同的方法,学生可以根据自己的兴趣、爱好和需要选择适合自己的学习方法。在教学开始前,学生和教师共同参与教学设计,学生也能根据自己的实际情况确定学习方法;在教学过程中,学生积极与教师互动,参与课堂教学的各个环节;在课后学习中,除了完成教师布置的作业,学生也可选择自己感兴趣的内容作进一步的学习和研究。在参与式教学中,教师以教材内容为依托,但不局限于、拘泥于教材。学生通过参与,把自己的个体经验与教师传授的知识,以及来自其他资源的知识结合起来。参与式教学中采用的是现代教育技术,教师可以利用多媒体进行备课和上课,学生也可以用多媒体进行学习,将自身存在的问题和教学建议及时反馈给教师。在参与式教学中,评价主体不只有教师,还有学生自己和社会等,其教学评价是公开、公平、客观的形成性评价。

(4)合作性

强调师生之间的合作伙伴关系。师生参与教学的过程就是他们之间平等合作的过程,教师和学生一起发现问题、提出问题、分析问题和解决问题。在合作过程中,进行思想交流。

(5)生成性

强调学生自主地建构自己所理解的知识。在参与式教学中,学生主动参与教学,吸收和理解来自课内、课外的知识,主动建构、生成自己的知识。这种生成具有动态性。

(6)宽容性

强调师生应该相互包容。在参与式教学中,一定范围和程度上允许学生自由地表达个人的见解,发表不同的意见,教师甚至要对学生的反对意见和错误的言行给予包容。对此教师要进行教学反思,这有利于教学的进一步开展。

3.基本方法

参与式方法很多,没有固定的套路,因教学内容、教学目的、教学对象的不同而不同。国内外的参与式教学常用的方法有提问法、头脑风暴法、小组讨论法、角色扮演法、案例分析法、小组合作法等。这里介绍几种主要的方法。

(1)提问法

提问法是参与式教学中使用最多、最频繁的方式。基本程序如下。

第一,检查学习者对所学知识的掌握程度,了解他们是否跟上了进度。

第二,检测学习者目前的学习状态,看他们是否保持浓厚的学习兴趣和学习热情。

第三，促使学习者自己思考和寻找答案。

第四，承前启后，帮助学生开始下一轮的讨论或学习。

提问的作用很明显，可一旦使用不当，可能使学习者觉得提问是盘问，不利于教师和学生间的平等交流。为了避免误解的发生，教师要注意以下几点。

第一，不能故意提刁难学生的问题。

第二，只提与学习目的和内容有关的问题。

第三，所提问题不能远远超过学生的能力。

为了提高学生回答问题的质量，教师提的问题要有质量，要避免一些不合适的问题。高质量的问题包括如下三类。一是开放式问题。这类问题通常以特殊疑问词开头，如where、when、who、why、what 等。二是追问问题。目的是对回答者进行引导，问题层层递进。三是确认理解问题。确认学习者理解了提问，确认教师理解了学生的回答，要求学生确认自己的回答。而不合适的、低质量的问题有：只需用"yes"或"no"来回答的封闭式问题，给予回答者明显暗示的引导式问题，回答者只能回答某部分的多重式问题，太简单或太难的问题等。另外，教师必须为学生创设安全、轻松的环境氛围。

（2）头脑风暴法

头脑风暴法是一种培养创造能力的集体训练法。所谓头脑风暴，最早是精神病理学上的术语，指精神病患者的精神错乱状态，现在比喻思维高度活跃，产生无限制的自由联想和讨论，由此产生新观念或激发创新设想。它的特点是让参与者根据特定的议题，发散思维，自由地、快速地说出自己的想法，使各种设想在相互碰撞中激起脑海中的创造性风暴。

由于头脑风暴的参与面非常广，人人都在畅所欲言，因此看上去很热闹。但有效的头脑风暴并不那么容易组织的，需要注意以下基本环节和基本原则。

头脑风暴法的基本环节如下。

①明确议题。让参与者明白要讨论的问题是什么，最好把问题写在黑板上或展示纸上。

②准备资料。为了使头脑风暴的效率较高，效果较好，可在讨论前做一点准备工作，如搜集一些资料预先给大家参考，以便了解与议题有关的背景材料。

③确定人数。一般以 8~10 人为宜，也可略有增减（6~8 人）。人数太少不利于激发思维；而人数太多则不容易掌握。

④明确分工。要推定 1 名主持人，重申讨论的议题和纪律，在讨论进程中启发引

导，掌握进程；要推定1名记录员，将参与者的所有设想进行简要记录。

⑤规定纪律。根据头脑风暴法的原则，可规定几条纪律，要求参与者遵守。

⑥掌握时间。讨论时间由主持人掌握，不宜在讨论前定死，一般以几十分钟为宜。

头脑风暴法的基本原则如下。

①自由畅谈。参加者从不同角度、不同层次、不同方位大胆地展开想象，尽可能地标新立异、与众不同，提出独创性的想法。

②延迟评判。头脑风暴必须坚持当场不能否定某个设想，也不能对某个设想发表评论性意见的原则。评价和判断要放到讨论结束以后才能进行。

③禁止批评。禁止批评是头脑风暴法的一个重要原则。参加头脑风暴的每个人都不得对别人的设想提出批评意见，因为批评对创造性思维无疑会产生抑制作用。

④追求数量。头脑风暴会议的目标是获得尽可能多的设想，追求数量是它的首要任务。

（3）小组讨论法

小组讨论是在参与式教学中发挥很大作用的一种模式，主要为组内讨论。通常按4~6人一组的规模把学生分成若干小组，就一两个题目展开讨论。尽可能让参与讨论者移动课桌椅，彼此靠得更近，以便面对面地进行讨论。小组成员身体距离的靠近和眼光交流既可以提高讨论质量，也可以增进人与人之间的信任。小组讨论的具体步骤和组织要点如下。

第一，把全体参与者分为4~6人的小组，采用全班集体活动的方式。分组时，视具体活动目的，采用按自愿组合分组，按学号分组，按性别混合分组，按能力混合分组，按个性及知识经验混合分组等模式。

第二，分组后，明确每个小组的具体目标及活动需要的时间。为实现共同目标，将参与者进行角色分工。每个成员都担任一定的角色，如召集员（负责组织讨论）、计时员（保证小组内每一位成员都有机会发言，提醒发言过长者缩短说话时间）、记录员（负责将本组讨论或活动结果记录在纸上）、汇报员（负责向全班报告本组讨论和活动结果）。这些角色由不同的人轮流担任。

第三，教师是全班集体讨论活动的组织者，其职责是揭示讨论的主题，向参与者提出明确、清晰的讨论要求。在活动过程中，组织学生为各小组提供材料（主要包括讨论或演示用的图片、展示板等）。在各小组巡视，就各组的活动情况进行调控，以随时提供必要的指导和帮助。

第四,各组负责汇报的成员口头报告讨论结果,讲解本组意图与结论,或者进行书面报告,将讨论结果写在大白纸上,然后贴到黑板上向全班展示。小组讨论,各组轮流展示;大组分享,以达成共识。

第五,活动结果的点评。教师和学生对各组的展示做出点评。教师最后全面总结各小组的活动成果,给学生以恰当的评价。

第六,小组讨论应该避免的问题。小组讨论应避免每个成员讨论的内容之间没有逻辑关联,避免组员的发言在低水平上重复。

这种组织形式始终贯穿着一个指导思想,那就是以学习者为中心,以活动为主,平等参与,融理念、知识于参与式活动之中,强调学生的主动参与;充分关注学生已有的知识经验,根本目标是发挥学生的主观能动性。

### (六)情意教学

#### 1.基本原理

情意教学是以德行为本位的教育。"全人格"的教育还必须实现人从智慧到德行的转化,情意教学就是实现这种转化的中间环节。

人类的进步和自由,不仅仅体现在物质的繁荣,更表现为人类在精神方面的本质力量(知、意、情等)的不断发展和完善。情意教学就是为了充分地发展人的本质力量。它是培养具有自由德行的主体的"全人格"教育的重要环节。

从广义上说,情意教学就是把情绪提升为道德情操,把人的自然属性提升为人性、灵性,把人的野性转化为意志品德,从而形成符合人类理想的价值观、世界观、人生观。教育的一个特定目的就是要培养学生感情方面的品质,特别是在人和人的关系中的感情品质。系统的培养有助于人们学会如何与他人交往,如何在共同的任务中彼此合作。此外,个人表现的另一个重要方面是美感活动。对美好生活的追求,使"人诗意地居住在大地上",是人类和谐地生活在世界上的理想境界。为培养学生健全的人格,情意教学必须从四个维度考虑。

(1)发展性建构

发展性建构是把学生视为一个"人性本善"的人,通过运用合乎人类理想的道德规范,使一个具有天资禀赋的学生成长为符合人类道德理想的主体。

(2)预防性建构

在社会的感性实践过程中,他或她可能会在道德行为、价值观上偏离人类的道德理想,因此情意教学必须在教学中澄清是非观念,预防学生可能出现的情意发展的偏差。

(3) 辅助性建构

在某种意义上,教育更多的是辅助个人,使之成为具有人性的人。在学生的发展中,教育教学与感性的劳动实践是相辅相成、共同作用的。

(4) 矫治性建构

每个人在从生到死的过程中,都会发生"病变",人的精神形态同样会发生"病变"。个体对外界的人和事的错误认识会导致其对社会适应不良。教育教学通过提供恰当的引导,纠正不当的思维方式和价值观,使个体摆脱不适应社会的困境。

2.基本原则

第一,在感受中获得体验。感受性是人的德行之端,是人获得情感体验的起点,也是人进行价值思考的出发点。

第二,在直接经验中获得认识。人必须对人类的各种动机、期望和人生的苦痛有直接的了解,才能与别人和社会建立恰当的关系。因此,情意教学要为学生提供接触社会、接触世界的机会,让学生通过获取直接经验来明白是是非非。

第三,在艺术欣赏中受到熏陶。个体通过感觉、知觉、领悟,欣赏艺术作品。在欣赏过程中潜移默化地把艺术作品表达的理念,内化为自我的、现实的审美感受和内在的精神素养。

第四,在文化理解中丰富涵养。人类要学会"共同生活",就要了解彼此的文化,相互理解。

第五,在社会实践中得到升华。人生是不断实践的过程,劳动或感性实践是实现理想与现实相统一的重要途径。在实践中,人可能迷失方向、犯错误,陷入自私、傲慢、作假、享乐等不好的状态,而将实践与教育相结合是克服这种不好状态的有效途径。

(七) 民主教学

1.基本原理

民主教学是集知识的掌握、创造性的培养和德行的养成于一体的一种综合性的教学模式。校园生活是社会生活的一部分。传统的大学英语教学忽略了校园生活的重要性,把学生当作知识灌输的对象,严格控制学生的学习进程,让学生在服从中学习知识,这样的教学虽井然有序,但是效率低下。

民主教学就是以民主原则创设自由、有序的教学情境，这种教学情境是简化的民主社会的生活情境。民主教学把学生视为教学的主体，鼓励学生积极参与教学生活，在动态的课程生成的过程中，让学生学会如何民主地生活。民主教学是帮助学生适应民主生活，让学生成为民主社会未来公民的一种有效方式。

民主教学要注意以下问题。

（1）责任

在教师友好而真诚的引导下，学生在学习过程中要学会对自己负责。责任意识是民主社会中每个成员必须具备的基本素质。培养学生的责任意识必须在民主原则指导下的自由活动中进行，让学生在自行探索中形成责任意识。

（2）尊重

尊重包括师生之间、同伴之间以及学校以外的更广泛的社会成员之间的互尊互爱。在民主社会中，社会成员互尊互爱是基本要求之一。在民主教学中，一方面，教师不应强制学生学习，教师的任务是结合自己较为丰富的经验和知识，为学生的训练方式提供建议，而不是通过强制的方式给学生灌输知识。另一方面，学生之间同样在共同的学习生活中建立一种相互尊重、互不干扰的学习秩序。

（3）智谋

智谋指学生在教师的引导下，自主探索知识，学会如何学习、劳作、生活。在民主教学中，学生是学习的主动建构者，是意义的主动探索者，学生的学习是集知识、智谋、情意为一体的综合性的自由活动。

（4）敏感性

敏感性是指学生在实际社会生活中的快速反应能力。学生在学习中获得信息而生成更多的信息，然后自行作出判断，并提出建设性的意见，创造出富有个性的物质和精神产品。

2.基本原则

民主教学旨在最大限度地唤起学生本能的学习动力，使学生积极主动地参与学习，不采用惩罚、竞争、强制等外在力量控制学生。

民主社会或民主教学之"民主"，只是社会生活的一种规范、一种手段，而不是目的。民主是个人自由的重要保障，而自由又孕育着勇气和活力。简言之，民主教学能让学生更自由地学习。自由的教学情境有助于挖掘学生的个人潜力，让每个学生都有机会参与活动、参与生活，在与外界的交互作用中，在积极主动的探索中，渐渐地向教育所期望的方向发展。

营造民主气氛并不是放任自流。人类的任何社会生活都需要一定的约束，即生活规则。同样，学习过程也需要一定的约束。学生要在遵守教学规则的前提下，学会共同管理和自我管理。

根据人类行为的自然结果，民主教学理论界定了三大教学规则。

第一，不做任何有危险的或有害的事情。

第二，始终处于一种安全的管理状态或日常规范中。

第三，一旦教师发出危险信号，学生立即离开教室或学习场所。

### 3.基本课程

开设民主教学课程旨在创设一种简化的社会生活情境。具体来说，民主教学的课程可分为以下三大板块。

（1）学术性课程

在民主教学中，学术性课程约占50%。学术性课程主要是培养学生的知识素养，实现学生从"无知"向"有知"的转化，通常以学科的逻辑进行划分，但强调课程的广泛性和综合性。这是为了使学生从整体上把握知识。

（2）创造性课程

创造性课程以主题为单元，涉及自然环境、人际关系、雕刻绘画、历史地理等内容，要求学生积极主动地学习和探索，突出创造性探索与时代问题的紧密关系，以此培养学生解决实际问题的能力。

（3）活动课程

活动课程以活动为单元，在活动中强调发挥学生的个性，培养学生的集体主义精神，致力于学生社会化的过程，包括生活技能的培训以及体育锻炼、游戏娱乐、课外活动等。

另外，互联网技术集音频、视频、文本、图片为一体，能为学生提供个性化的教学环境，学生可以根据自己的需求选择教学内容，按照自己的学习方式和学习进度进行学习。在这种情况下，现代数字教学媒介（如微信、QQ、微博等）能帮助学生获取新知识，帮助他们分享新信息、解决新问题。因此，如何开发新的教学模式以适应时代的要求，是一个重要课题。

综上所述，大学英语教学的现状虽然不尽如人意，但改革的方向很明朗。教育部明确了大学英语教学必须满足的三类需求，即服务于学校的办学需求，服务于院系的专业需求，服务于学生个体的发展需求。可以预见，一个全新的、更加注重实际需求的大学英语教学体系将会产生，并将在教学实践中不断完善。我们应该为能成为体系建设中的一员并承担一份责任而感到骄傲！

# 第四章　新时代大学英语教学手段

## 第一节　微课

### 一、微课的概念

从字面上来看,"微课"可以从以下三个层面来理解:首先,从"课"这一层面来看,微课是"课"的一种,是一种上课的形式,是一种微型的教学活动。其次,从"课程"这一层面来看,微课是有计划、有目标、有内容、有资源的课程。最后,从"教学资源"这一层面来看,微课能提供丰富的教学资源,如数字化学习资源包、在线教学视频等。

在上述理解的基础上,我们可以得出结论,微课是一种具有单一目标、短小内容、良好结构,以微视频为载体的教学模式。微课的基本理念是让学生通过正式或者非正式的学习方式,不断对主题集中、与实践联系紧密的专业知识进行学习,从而提高学习效果,促进知识的内化。基于这一理念,我国学者对微课展开了重点研究,很多学者提出了自己独到的见解。

胡铁生、黄明燕、李民老师认为:"微课又可以称为'微型课程',是建立在学科知识点的基础上,构建和生成的新型网络课程资源。微课以'微视频'作为核心,包含很多与教学配套的扩展性或支持性资源,如'微练习''微教案''微反思''微课件'等,从而形成了一个网页化、半结构化、情境化、开放性的交互教学应用环境和资源动态生成环境。"

焦建利老师认为,微课是以某一知识点为目标,其表现形式是短小精悍的在线视频,是主要应用于教学和学习的一种在线教学视频。

黎加厚老师认为,微课是时间在十分钟之内,教学目标明确、内容短小,能够对某一问题集中进行说明的微小课程。

上述这些学者给出的定义各具针对性,并在一定程度上反映了微课的基本特征,虽然具体内容存在某些差异,但是其理念和核心基本一致。笔者更赞同胡铁生等人的定义,即微课从本质上来说是支持教与学的新型课程资源。

概括来说,微课主要涉及四大要素:目标、交互和多媒体、内容、活动。

目标是指教师预期的微课的适用教学阶段,以及期望教学所能达到的目标。因此,微课的目标主要包含两层含义。

一是应用目的,即开发微课的原因。这与微课是在课前、课中还是课后运用有关,比如有的教师开发微课,制作相关练习,是为了给学生的课后练习提供指导。

二是应用效果,即教师在应用微课后期望达到的教学效果,比如提升学生解决具体问题的能力,帮助学生掌握某一题目的解题技巧,或者引发学生的思考,等等。

一般来说,微课的目标是具体的、明确的、单一的,其对微课的内容和应用起着重要的指导作用。

要想完成微课教学中教的活动,教师必须借助某些特定工具来保证学生能正确理解微课的内容,从而实现学生与微课的相互交流。在微课中,这些特定的工具主要包括以下两种。

一是交互工具。让学生通过微课进行学习,能够促使学生与微课间进行操作交互和信息交互,其交互的类型与形式如表 4-1 所示。

表 4-1  微课的交互类型与形式

| 类型 | 形式 | 直接交互对象 |
| --- | --- | --- |
| 概念交互 | 引发认识冲突的言语 | 学生与多媒体信息 |
| | 引发认识冲突的画面 | |
| | 具有提问性质的言语 | |
| 信息交互 | 叙述性的言语 | |
| | 叙述性的画面 | |
| 操作交互 | 人与机器间的交互工具 | 学生与交互界面 |

二是信息呈现工具——多媒体。多媒体能够帮助教师更好地展示教学内容,提升学生在进行微课学习时与学习资源进行交互的有效性,如微课中课件、动画、图形、图像等的呈现。

内容是指为微课服务的、与特定学科相关的、有目的的、有意义传递的信息与素材。也就是说，微课的内容是教师实现预期目标的信息载体。在通常情况下，教师会根据微课的目标，并结合学生的学习情况及教学阶段等设计微课的内容。微课内容不同，教师对教学活动的设计也会不同。但是，由于微课的时间很短，内容上往往具有主题明确、短小精悍、相对独立的特点，因此教师需要精心选取微课内容。

活动是主体与环境相互作用的过程，其中环境包括主体本身、其他主体及客体。在微课中，活动是指教的活动。这里所说的"教的活动"是指教师这一活动主体与特定微课内容这一客体之间的相互作用过程，通过这种相互作用，教学信息可以被有效地传递出来，帮助学生对课程内容进行理解和学习。教的活动是实现微课目标的一种有效方法。从方法上来说，教的活动可以分为教师的演示、讲授、操作及其与其他主体间的互动等。

总之，微课的四大要素是相互影响、相互联系的。把握这四大要素，有助于教师开发结构化的数字课程资源。

## 二、微课的分类

### （一）讲授类

讲授类微课在微课教学平台和大赛中比较常见，主要指教师使用生活化、口语化的方式向学生传授知识与技能。在英语教学中，教师可以采用此类微课向学生介绍语篇作者、任务、背景知识和文学常识等。

### （二）问答类

问答类微课是指教师根据教学设计提出问题，之后让学生暂停观看视频，学生思考一段时间后得出自己的答案，进而继续观看视频。这一类型的微课可用于课前导入和课后练习或复习，其有助于引导学生进行自主学习，巩固学生所学的知识。

### （三）讨论类

讨论类微课是指教师围绕某一主题或主旨设计问题，让学生发表自己的观点和看法。这有助于教师与学生思维的碰撞，从而拓展教师和学生的思路。

### （四）启发类

启发类微课是指教师结合教学的目标、重点和难点、教学任务，并根据学生的学习情况和学习水平，创设适合学生的学习环境，从而激发学生的学习积极性，引导学生独立思考，使学生独立解决学习中的问题。

### （五）演示类

演示类微课是指教师通过教具或者实物向学生展示教学内容，或者给学生做示范性实验，让学生通过观察逐渐获得知识。

### （六）实验类

实验类微课常用于物理、生物、化学等教学中，在英语教学中并不多见。简单来说，实验类微课是指在教师的指导下，学生使用一些材料和设备，改变某些参数，使实验对象发生改变，进而通过观察这些变化得出结论，从而验证自己的猜想。

### （七）练习类

练习类微课主要用于检测和巩固课堂教学的成果或者学生的自主学习情况。学生只有反复练习某一动作，才能掌握相关技能或者改变自己的行为习惯。

### （八）表演类

表演类微课是指教师以安排学生进行角色扮演的方式来呈现教学内容。通过这种创设情境的娱乐性方式，学生不仅可以加深对文章的理解，还可以提升自己的审美能力。

### （九）自主学习类

在自主学习类微课中，学生占据主体地位，在学习过程和任务中能发挥自己的主观能动性和自主学习能力，通过自主分析、自主探索、自主实践等达到自主学习的目标。

### （十）合作学习类

合作学习类微课适用于学生与学生之间、小组与小组之间的学习，可以加强学生与学习之间、小组与小组之间的交流，从而提升学生个体的自觉性和参与性，提高学生学习的效果和质量，开阔学生的思维，增强学生学习的有效性。

### （十一）探究学习类

在探究学习类微课中，学生要发挥自己的主动性，积极探索新知识或者未知的领域，并通过现有条件和资源来获取知识和技能。

## 三、微课的特点

微课有着鲜明的特点，这些特点也显示了微课的优势。具体而言，微课有以下几个特点。

### （一）主题鲜明，内容精简

微课课程的开发是建立在某一主题上的，其研究和探讨的问题主要来自具体的、真实的教学实践。例如，教学实践中的教学策略、学习策略、教学重难点、教学反思等。因此，与传统教学内容相比，微课教学内容更精简，更符合教师的需要。在通常情况下，微课主要针对的是课堂教学中的某一个知识点或某一个环节、某一个主题。

### （二）教学时间短，针对性强

微课教学内容少，可以在短时间内集中开展"无生上课"活动，因此教师和学生都可以迅速获取反馈信息。一般来说，微课教学视频时长为3~8分钟，最长也不会超过10分钟。相比之下，传统课堂教学时间较长，一般为40~45分钟。因此，微课常常被称为"微课例"或"课堂片段"。在当前大学英语教学中，使用微课进行教学有助于集中学生的注意力。

此外，每一位学生都可以参与课前组织预演，相互学习，共同进步，这在一定程度上有助于减轻教师的压力，保证英语教学活动顺利开展。

### (三）成果简化，传播方式多样

由于微课教学主题鲜明、内容具体，因此其成果易于转化和传播。同时，微课教学时间短、容量小，因此其传播方式也是多种多样的，如网上视频传播、微博讨论传播等。在通常情况下，微课中的教学视频及配套资料的容量约为几十兆，视频格式多为支持网络在线播放的流媒体格式。在大学英语教学中，微课有助于教师与学生顺畅地进行交流。

### （四）资源构成情境化

微课教学的内容通常具有鲜明的主题，且指向明确。在微课中，教学视频片段是微课的主线，教师在此基础上对其他教学资源进行整合，从而形成一个类型多样、主题突出、结构紧凑的"主题单元资源包"，同时创造出一个真实的教学资源环境。这就使微课资源具有了视频教学资源的特点。这样真实、具体的情境不仅有助于提升学生的思维能力和学业水平，还有助于提升教师的教学技能。

## 四、微课的设计与应用

大学英语教学中的微课教学实际上是一种微型化的网络英语课程教学，是一门完整的网络英语课程，可以由众多的与知识相关的教学环节的微课组成。大学英语微课教学的设计与应用包含以下几个流程。

### （一）微课选题

开展微课要以某一特定的主题为基础，如某一核心的概念、某一知识点、某一教学环节或者某一教学活动等，并且要有具体的教学目标和内容，能在较短的时间内解释清楚，能激起学生的学习兴趣，使学生较快地掌握特定的主题内容。

此外，微课选题要具有趣味性、准确性和实用性，形式短小且精悍。对于那些与主题不相关或没有任何特色的内容或活动，在设计和制作中可以摒弃。

### （二）教学设计

在微课教学设计中，要注意尽量减轻学生的认知负荷。根据认知负荷理论，学生的认知负荷会受到学习材料的组织方式、呈现方式、复杂性以及个体的经验等的影响。由于微课具有内容短小、主题明确等特点，因此教师要想在较短的时间内保证内容的有效性和准确性，就需要将复杂的问题简单化，从而避免给学生带来太大的压力。

### （三）视频制作

视频的制作是微课教学的核心，因为微课主要是通过视频的形式来呈现教学过程的。微课视频的制作通常精悍、简短，这是与记忆的信息加工理论相符合的。

在制作微课视频时，教师可以开门见山地引出主题，也可以通过承上启下、设置悬疑等形式引出主题，还可以从学生熟悉的事物出发引出主题。在内容讲解上，微课视频应该明确、清晰，并要随着教学主题逐步展开，突出重点。在教学过程中，教师应采用恰当的方法吸引学生的注意力，使他们不被外界干扰。在结尾处，微课视频应简洁明了，一方面减轻学生的记忆负担，另一方面给学生留下足够的回味和思考空间。

### （四）辅助材料

微课的开展不仅需要视频这一核心内容，还需要与之相关的辅助材料。通常，这些辅助材料包括教学设计的教案、教学设计的学案、课程教学内容的简介、教师课后的教学反思、学生的反馈、专家的点评等。需要说明的是，这些辅助材料没有必要都包含在内，教师可以根据教学内容、教学目标等加以选择。

### （五）上传与反馈

在微课视频以及相关辅助材料制作完成之后，就可以将其上传到网络。如果是为了专门的教学而设计与制作的视频，那么就应该上传到教学网络平台，并且按照平台对用户的评价进行回答、反思并进行反馈等。

### （六）评价与修改

对微课教学的评价需要考虑三个方面的内容，即教育性、技术性和应用性。

#### 1.教育性

微课教学的教育性主要涉及教学目标的设定、教学内容的组织、教学策略的使用等层面。具体而言，教学目标的设定应该明确，教学主题应该鲜明；教学内容的组织要有序，并且每一环节都应该安排恰当、承接自然，单元知识应该有完整且明确的说明；教学策略应该新颖，表现形式要恰当、生动、有趣。

**2.技术性**

微课教学的技术性主要涉及微课本身的艺术性、微课平台的共享性等。微课视频应该确保技术的规范性，即码流、分辨率等都应是严格按照规定设计的。在布局上，微课视频应该美观、协调，文字与色彩也要合理搭配，以便与学生的认知风格相符。

**3.应用性**

微课教学的应用性是与其教育性和技术性紧密相关的，如果微课教学具有良好的教育性和技术性，那么必然能够保证良好的应用效果。

总之，教师应根据教学目标、教学内容以及学生的实际情况设计和制作微课，从而提高教学的质量和学生的学习效率。在将微课应用于大学英语教学时，需要注意以下几个问题。

一是，加强微课资源的开发与共享。当前的大学英语教学中仍旧存在着教学资源不均衡的情况。而微课的出现使得优质的教学资源通过网络传送到全国的高校中，从而实现资源共享。

二是提升微课视频的录制技术。微课录制技术应追求质量，而且要尽可能地简化，使教师乐于录课，并能快速提升教师的微课录制技术。另外，微课的研究人员应在网络技术及多媒体技术等方面进行改进，追求卓越，尽可能使微课推广开来。

三是搭建微课学习平台。微课主要建立在视频这一载体上，同时还需要一些辅助模块，比如微练习或互动答疑等，这些对提高学生的学习兴趣、培养教师的信息化应用能力都十分有益。其中，比较新颖的做法是搭建微慕课平台，即将微课与慕课相结合，使微课具备系统性和专业性。这一平台有一定的知识含量，且具有结构灵活、系统性强等优点。

## 第二节 慕课

### 一、慕课的概念

慕课,即大型开放式网络课程(MOOC)。它是一种在线课程开放模式,是基于发布资源系统、学习管理系统以及将学习管理系统与多种开放网络资源相结合的课程模式而建立起来的。慕课主要是由具有分享与协作精神的个人及团队组织的,他们将课程发布在互联网上,供有兴趣的学习者学习,旨在扩大知识传播的范围。

有人将 MOOC 定义为"一种以开放访问和大规模参与为目的的在线课程"。MOOC 每个字母分别代表着一定的含义。

M:Massive,说明参加这种开放课程的人数众多。

O:Open,说明课程具有开放性,凡是想学习的人都可以加入。

O:Online,说明这种课程的学习时间灵活。

C:Courses,说明课程包含的种类众多。

Udacity、Coursera 和 edX 是目前著名的三个慕课平台。Udacity 是最早创立的慕课平台,主要以计算机类课程为主,数量不多,但是质量较高。Udacity 以具有很多为在线授课而设计的细节著称,因此得到了很多教师和学生的喜爱。Coursera 是最大的慕课平台,资源丰富,门类齐全。edX 是哈佛大学与麻省理工学院共同出资组建的非营利性组织,与全球顶级大学结盟,其系统代码开放,课程形式自由、灵活。

### 二、慕课的分类

著名学者莱恩(L. M. Lane)在自身实践经验的基础上将慕课分为三种,这三种慕课各有其侧重点。

#### (一)基于内容的慕课

该模式主要强调学生对学习内容的掌握,教师往往会通过形成性评价与总结性评价的形式对学生的学习结果进行评价。当然，这一课程开发模式同样也看重学习社区的建设以及学生的参与，与课堂教学过程的网络化更加相似。该模式建立在名校教师录制的讲课视频及文本内容的基础上，同时还伴有网络化测试平台。这类慕课课程开发模式吸引了大量的投资者，受到很多人的关注。

### （二）基于网络的慕课

该教学模式是建立在网络基础上的，重在强调给予学生充分的学习自主性。在以网络为主的慕课课程中，学生可以自由决定是否参与、如何参与，还可以自主决定利用何种技术来建立自己的学习空间和分享学习内容。该模式鼓励来自世界各地的学习者利用自己所知道的软件来建立联系、分享学习内容、贡献学习成果、合作探究学习或者拓展自己的个人网络及专业网络。

社会交互性是基于网络的慕课关注的重点。在该模式下，课程一般以周为学习单位，学生可以在每周基于特定的主题进行学习，通过大量的互动来获取知识，所有的学习过程都是开放式的。由于这种慕课模式没有明确的学习结果，因而在学习结束后也不会有十分正式的评价形式。

### （三）基于任务的慕课

以完成任务为主的慕课，主要强调让学生通过完成任务来获取知识和技能。学习是分步进行的，学生可以采取多种多样的学习方式。学生可以通过阅读文本材料或者录制视频材料来共享学习成果，或者通过视频、音频、作品设计等展示自己在某一方面的技能。这种以任务完成为主的慕课课程开发十分强调学习社区在学生学习过程中所起的重要作用，因为社区是展示学生学习案例与学习方法的地方，主要用来传递学习内容，对学生的学习结果不太重视，即不对学习者进行评价。

通过上述分析不难发现，以上三种慕课存在以下共同特征。

第一，课程设计、组织、应用及评价都是建立在网络环境的基础之上。

第二，课程设计面向大多数学习者，规模较大，并且学习目标具有多样性。

第三，在交互学习过程中，课程的内容具有开放性及持续创新性。

第四，学生在课程选择方面具有较大的自主性。

第五，视频时长通常为8~15分钟。

## 三、慕课的特点与意义

### （一）慕课的特点

总体来说，慕课有以下几个特点。

第一，互动性强，形式新颖。教师通过上传短视频的方式进行教学，并在视频后附有测验等。这种教学形式能够促进师生之间的互动，便于师生之间的交流与沟通，能够使学生真切地感受到自己的成长。

第二，名师教育，免费教学。在互联网的帮助下，世界名师上传自己的教学视频，有助于解决教育资源分配不均所产生的教育问题，使学生接触到更多的教学资源。同时这些资源是免费的，减少了学生额外的学习经费支出。

第三，网络平台，资源丰富。慕课的出现在很大程度上提高了我国大学英语教学的有效性。由于地域发展和教育水平的不同，来自不同地域的学生的英语水平也明显不同。例如，来自我国东部地区的学生，其英语水平总体而言比中、西部地区的学生高。

慕课通过网络平台的方式进行教学，打破了地域限制，使不同地区的学生都有机会接触优质的课程资源。目前，很多慕课平台被搭建起来，为学生的学习提供了便利。我国于2013年成立了东西部高校课程共享联盟，并将这一年称作"中国慕课元年"。我国的慕课平台名称为Ewant，由国内五所交通大学联合组建，包括上海交通大学、西安交通大学、西南交通大学、北京交通大学、台湾交通大学。同时上海交通大学也加入了Coursera平台。

我国慕课平台具有以下三个方面的特点。

1.集约性

"中国大学MOOC"在线学习平台汇聚了全国各地的优秀教育资源，在国内著名高校教学团队的精心打造下，目前国内形成了相对成功的教学案例。从教师的角度来看，慕课教学团队在设计教学过程、布置课后作业、评定学生成绩等方面都给予教师很大的启发，促进他们不断提高自己运用信息技术的能力，从而改进教学方法，找到最适合学生发展的教学模式。另外，全国各地的教师还可以利用在线教学平台来共享优质的教学资源。从学生的角度来看，不管是国内重点大学的学生还是普通院校的学生，都可以通过慕课学习平台获取优质的学习资源。

## 2.广谱性

科学技术的发展将人类社会带入互联网时代,同时随着数字革命的兴起,世界各个国家的教育进入"在线"状态。在慕课中,学生的学习不受时间、地点、人员等因素的限制,一些著名教师在线上所开设的课程有时候甚至可以吸引几万人同时观看和学习。当前,在我国的大学英语教学中,学生人数庞大,而慕课本身所具有的广谱性能很好地解决这一问题。

作为一种新型的教学形式,慕课是对全世界所有人开放的,不管学生身在何处,只要是有互联网的地方,学生就可以随时开始学习。可见,慕课自身所具有的自主性也十分符合大学英语教学的要求。学生在慕课教学下可以自由选择学习的时间、方法、步骤等,自主完成慕课课程的在线学习。

## 3.交互性

与以往的视频公开课或者远程教学方式不同,慕课具有交互性的特点。在以往的远程教学或视频公开课中,教师与学生之间无法互动,教学是单向的。慕课教学是一种在线课堂,虽然是虚拟的,但是教师与学生却可以进行互动。另外,慕课教学过程中所设计的进阶作业提高了学生的学习积极性,因为学生只有完成一定的进阶任务,才能继续观看教师的在线课程。这一设计形式不仅为学生安排了具体的学习任务,而且使教师可以在教学过程中获取及时的反馈。

### (二)慕课的意义

慕课在我国的兴起与发展引发了重大的教学理念改革和教学方式改革,并且对我国的大学英语教学产生了深远影响。慕课对我国的大学英语教学的意义集中体现在以下几个方面。

## 1.形成语言使用环境

在英语学习中,学生的语言使用环境匮乏,学生在英语课堂上所学到的英语知识不能在现实生活中进行应用,这在很大程度上降低了学生英语学习的成就感,对其日后语言能力的提高也十分不利。慕课的出现能为学生提供良好的英语学习环境,学生可以和来自世界不同国家的学习者进行讨论,有利于其口语能力的提高。

## 2.扩大学生的知识储备

在我国,大学英语教学主要是通过课堂教学的形式展开的,由于课业繁重,教学时间紧张,课堂教学带给学生的英语知识实在有限。而慕课教学以网络为平台,向学生提供了更为丰富的知识,方便学生及时更新自身的知识结构。慕课的在线课程还包含在线论坛与小组讨论,这极大地提高了学生的学习兴趣与学习效率。

3.提供能力培养平台

我国的大学英语教学虽然进行了革新,但是从总体上看,还是以基本知识教学为主。这种教学形式阻碍了学生将英语学习与专业英语学习相结合,无法达到预定的培养目标。在这种教学背景下,很多学生没有意识到英语的重要性,不重视英语学习,缺乏学习热情。而慕课的出现能够为学生提供最新的专业动向,有利于激发学生学习英语的兴趣,促进其专业能力的发展,对于解决英语教学与专业教学相脱节的问题十分有效。

4.平衡不同学生水平

我国幅员辽阔,各地的教学水平不同,学生的学习基础也各有不同。在统一的大学英语课堂上,教师无法进行一对一的针对性教学,只能从宏观层面进行英语教学。在这种教育现实情况下,很多学生跟不上教学进度。慕课通过开放性的网络平台,能够为学生提供具有针对性的教学内容,缓解教与学之间的矛盾。另外,在线教育的形式不受时空限制,既有利于基础差的学生进行巩固练习,同时也有利于基础好的学生提高自己的能力。

## 四、慕课的设计与应用

慕课教学具有较高的自由度,这就对教育体制提出了一定的要求。大体上说,为了保证学生有效地吸收知识,相关教育工作者可通过以下几种途径进行慕课教学管理。

一是引入第三方评价机构。第三方评价机构指的是以第三方的形式对学生的学历教育和非学历教育进行评价的组织。这些组织通过对学生的慕课学习成果进行评估,能够对其学习能力进行综合评定,从而避免传统教学评估的单一性。

二是建立学分管理系统。慕课教学下的学分管理可以通过更加多样的形式进行,以改变传统教学中硬性的学分评价形式。例如,教师可以根据学生的学习过程、学习成就等对学生进行客观公正的评价。

教师将慕课运用到大学英语教学中时,要注意以下几个方面。

### （一）课程设置多样化

就目前的大学英语教学而言，在应用慕课时，要保证课程设置的多样化，具体原因包括以下几个方面。

第一，从课程设置上来说，虽然各大高等院校都会有英语选修课，但是这些选修课大多是为四级和六级考试准备的。

第二，从教材上来说，高等院校使用的教材主要有上海外语教育出版社出版的《大学英语》《新世纪大学英语》，以及外语教学研究出版社出版的《新视野大学英语》等，并没有适合学生的专门教材。

第三，从师资上来说，在传统的大学英语教学中，教师资源有限，所讲授的课程大多没有明确的针对性。

因此，将慕课应用到大学英语选修课程中是时代发展的必然趋势。随着时代的发展，大学英语选修课程的指导思想向着分类指导、因材施教的方向发展。而网络技术的发展能为大学英语选修课程提供不同层面和环节的支持。各大高等院校可以通过网络教学了解学生对选修课程的偏好，可以利用大数据技术对学生的偏好进行分析，获得学生的需求数据，从而调整相应的课程内容，满足学生的需求。基于此，在信息化时代，应用慕课可以大大吸引学生的注意力，学生可以根据自己的需要和兴趣来选择课程，从而提高英语学习的效率。

### （二）上课方式多样化

目前，虽然大学英语教学改革在不断推进，大学英语教学形式也不再像以前那样单一，但是大学英语课堂教学仍旧以教师的教授为主，只是利用多媒体形式而已，即多媒体就是黑板的延伸。在信息技术普及的时代，应用慕课必须要保证上课方式的多元化。学生可以围坐在台式电脑前听课，也可以通过平板电脑听课。

### （三）将传统课堂与慕课相结合

前面已经提到，慕课对大学英语教学有很大影响，其中有两点需要注意。一是对大学生而言，他们自学的水平存在明显的差异，因此让他们适应这种教学模式也需要很长一段时间。如果让所有的学生都通过网络进行学习，那么自制力较差的学生就会很容易放弃英语学习，这也是我们不愿意看到的结果。二是由于在应用慕课时需要对教师进行培训，还要准备与之配套的硬件设施，而很多高校往往不具备这样的条件，因此慕课的全面应用还有很长的路要走。

总之，在当前的大学英语教学中，教师扮演着重要的角色。在应用慕课时，教师可从以下几个方面来提升教学效果：第一，教师要了解学生的自主学习能力，不断培养学生的心理素质，使他们尽快适应信息技术时代下的慕课教学。第二，教师应该充分了解学生的英语基础，保证慕课教学能够被大多数学生接受和理解。第三，教师应该积极开发能够吸引学生兴趣的慕课课件。

## 第三节　翻转课堂

### 一、翻转课堂的概念

所谓翻转课堂，是指学生在课前利用教师给出的音频、视频、电子教材或开放的网络资源等数字化学习材料，自主学习课程内容，然后在课堂上参与由教师组织的同学间的讨论、探究等互动活动，并完成课程学习任务的一种教学模式。

翻转课堂最初是由美国人萨尔曼·可汗（S. Khan）于2007年提出的，他利用网络视频进行"翻转课堂"授课，取得了巨大的成功。加拿大《环球邮报》将"翻转课堂"教学模式评为"2011年影响课堂教学的重大技术变革"。

翻转课堂又称"颠倒课堂"，它的教学过程包括知识传授和知识内化两个阶段。在传统教学模式中，知识的习得主要有三个步骤——讲授、内化、外化。教师在课堂上讲授知识，学生在课后通过完成作业来实现知识内化。翻转课堂与上述传统教学模式完全不同，教师根据自己的教学计划布置课前预习的内容，学生可以通过"云课程"及其他媒介在课前主动进行学习，教师可以在学生遇到困难时对其进行引导。在翻转课堂中，师生之间实现了平等交流。在课后，学生通过实践来深化知识。简言之，翻转课堂就是由先教后学到先学后教，实现课堂的"翻转"。

近年来，翻转课堂在国内引起了巨大反响。作为一种基于信息技术的新型教学模式，翻转课堂颠覆了传统教学流程，大力引导学生进行自主学习。作为一种新颖的授课模式，翻转课堂为我国大学英语教学改革提供了有益的参考。然而，翻转课堂并不是在线课程，也不是用视频来代替教师，它只是一种师生之间互动学习的方式，为学生进行自主学习提供了充分的时间与空间，学生在教师对学习进程进行总体控制的情况下获得了个性化发展。

## 二、翻转课堂的构成

有学者在研究后提出，翻转课堂的构成要素包括三个方面：课前教学内容的有效传达、课中内化活动的有效进行、课后学习效果的客观评价。

### （一）课前教学内容的有效传达

在翻转课堂中，课前教学内容的有效传达是教学的基础。当前，我国翻转课堂在传达教学内容时采用的方式是视频及纸质学习材料两种。教学视频被认为是目前翻转课堂课前教学的基本形式。对于教学视频的获取，教师可以尝试以下两种途径。

1.制作视频

对于翻转课堂中所使用的视频，教师可使用录屏（录音）软件、电脑、手写板、麦克风等设备进行制作，并遵循以下步骤。

第一步：使用录屏软件来捕捉电脑屏幕上幻灯片演示和电脑操作的轨迹。

第二步：利用麦克风来录制讲述的音效。

第三步：利用手写板获得平常书本上的书写效果。

第四步：利用音频编辑软件加工录制的声音。

除此之外，教师还需要关注视频的画面质量。需要特别说明的是，教师制作的视频应短小精悍。当前高校学生的生活是快节奏的，视频只有时间短、节奏快才能更受欢迎。如果视频太长或内容太过冗杂，往往会引起学生的反感。

2.使用现成的教学视频

使用现成的教学视频是教师的最佳选择，这主要基于以下两个方面的考虑：第一，教师在面对视频录制仪器时可能会产生紧张的心理，这会严重影响教学的进程与效果。教师在录制视频时通常是面对机器自言自语，这与传统授课形式带来的心理感受完全不同。第二，教师的教学任务十分繁重，没有时间和精力制作视频。

因此，如果可以在网上找到该门课程的高质量的教学视频，教师就可以节省很多精力。当前，网络上关于教学的视频多种多样，教师可以自己下载或安排学生进行搜索下载并在教学中使用。

### （二）课中内化活动的有效进行

教师在翻转课堂的组织过程中要注意以下方面。

第一，对于英语教学来说，翻转课堂适用于英语导读类课程，这类课程可以通过计算机网络中心展开。学生在课下学习教师安排的知识内容，教师在课上对重难点进行讲解，随后可以通过计算机网络中心进行在线测试。学生在完成测试后可以及时获取网络学习资源与背景知识，同时与自己的测试结果进行对比，从而巩固所学的知识。

第二，英语课程包括语言、文化两方面，教师在安排学生学习时，要按照从初级认知的识记理解到高级认知的综合应用这样一个逐步加深的过程进行。教师在安排学生学习语言知识和文化的同时，还需要组织与此相匹配的学习活动，让学生在已有知识的基础上加深对不同文化知识的理解。

第三，个体学习与合作学习相结合。将个体学习与合作学习结合在一起有助于学生充分理解教学内容。

### （三）课后学习效果的客观评价

在翻转课堂中同样需要重视对学生学习结果的评价。教师需要依靠自己的教学经验来判断学生对知识的掌握程度。这种即时测评的优点是有利于教师及时纠正学生对知识的误解，并根据学生的认知差异为学生提供合理的学习指导。

值得一提的是，由于翻转课堂兴起的时间尚短，其评价方式还没有形成一定的系统与规范。因此，翻转课堂的学习评价主要是通过教师与学生保持及时的沟通与交流，根据学生的个性特点进行的。另外，教师还需要为学生提供多种渠道来展示学习成果，从而让学生拥有足够的自信心，增强他们的学习动力。

## 三、翻转课堂的意义

在传统课堂上,教师为了帮助学生习得知识,必须密切注意课堂纪律与学生的注意力。因为一旦学生因为某些事情而分心,就会影响他们的学习进度。但是在翻转课堂中,这种问题不再存在。

### (一)扭转传统学习观念

翻转课堂有助于扭转学生的传统学习观念,主要体现在以下几个方面。

第一,有助于合理安排学习时间。翻转课堂十分利于学生学习,能够帮助学生机动、灵活地安排学习时间。

第二,传统课堂中的讲授、练习环节在翻转课堂中成为教师与学生互动、探讨知识内容的环节,这一环节增加了学生的参与度,可以有效提高学生独立思考、解决问题的能力。

第三,翻转课堂中的学习内容通常是根据学生的兴趣、需要来确定的。

第四,学生在总体学习目标的指导下根据教师提供的学习材料自主完成知识建构,这有利于提升学生的认知水平。

第五,有助于学生反复学习。在传统课堂上,教师关注的往往是成绩优秀的学生,他们可以跟上教师讲课的节奏,能积极主动地举手回答教师的问题。然而,除了这些优秀的学生,还有一些基础较为薄弱的学生,他们有的完全跟不上教师讲课的进度。翻转课堂可以有效解决这种问题。在翻转课堂中,学生可以随时暂停,随时重新播放视频,直到自己彻底理解为止。另外,翻转课堂还大大减轻了教师的压力,让教师有更多的精力来帮助那些基础较为薄弱的学生。

### (二)增强学生的主动意识

翻转课堂强化了师生、生生之间的学习互动,让学生的主观能动性得到最大限度的发挥,将学习的主动权还给了学生。虽然传统课堂中也有教师辅导学生的环节,但由于传统教学理念的限制,这一教学环节并没有发挥作用,教学活动仍然是以教师的讲授为主,学生的主体地位没有得到充分体现。

在当前的时代背景下,计算机技术的飞速发展颠覆了传统课堂的教学方式,从而使翻转课堂得到了广泛应用的机会。在翻转课堂中，学生先根据教师提供的资源进行自主学习，然后在课堂上就学习内容与教师展开讨论，进一步理解已学习的内容。这种教学方式真正体现了学生的主体地位，有利于增强学生的主动意识。

### （三）淡化学生对教师的依赖性

翻转课堂把知识的习得放在了前面，学生的自主性大大提高，有效淡化了学生对教师的依赖性。学生在自主学习时不得不从其他同学处获得帮助。经过一段时间，学生便会习惯主动学习知识，与其他同学进行交流、探讨的意识也会增强。这样不仅可以提升学生的知识水平，而且能提高他们在人际交往、组织协调、团队合作等方面的能力。具体来说，表现在以下两个方面。

#### 1.有助于学生进行个性化学习

众所周知，高校学生来自全国各地，他们自身的素质参差不齐，学习能力、兴趣爱好也各不相同。虽然教育者很早就意识到了这一点，但传统教学方式很难真正实现分层教学。而翻转课堂则可以真正实现分层教学，根据学生的能力、兴趣展开针对性教学，使每个学生都能根据自己的实际情况进行个性化学习。

#### 2.有助于课堂上师生的积极互动

与传统课堂相比，翻转课堂完全改变了师生相处的模式，教师与学生能够实现一对一的交流。如果有多名学生对某一知识点产生疑问，教师可以将这些学生集中在一起进行特别辅导。另外，学生在翻转课堂中的互动频率也大大增加了，他们不再将教师作为唯一的知识来源，学生之间也可以互助学习。

## 四、翻转课堂的设计与应用

目前，翻转课堂越来越普及，包括中国在内的很多国家已经开始进行翻转课堂的实践。然而，由于翻转课堂还未成为系统的教学模式，很多地区只制定了大致的操作策略，并且不同的学科在实践中也存在着很大的差别。相关学者在研究后提出了翻转课堂的基本应用流程。

## （一）课前安排

在课前安排方面，教师要为学生准备充分的学习资料，如英语参考书籍、电子教材、微视频教程、国内外相关英语专题的网址等。下面以微视频的设计为例进行说明。

微视频是目前翻转课堂常用的学习资源，它具有很强的针对性，是课前学习的核心内容。教师可以根据每堂课的课堂学习目标准备两三个微视频，一个微视频仅介绍一个知识点就足够了，如果内容太多则会影响学生的学习效果。在设计微视频时，教师需要注意以下方面。

第一，学生在课前学习过程中可以利用网络软件，与其他同学展开积极的沟通与交流，解决自己在学习过程中遇到的疑问与难题。

第二，英语教学视频的互动性、视觉效果、时间长度等对学生的知识习得有很大影响，教师在微视频中要合理设计学习内容，包括课前练习的数量、难度等，以帮助学生在已有知识的基础上学习新知识。

第三，在设计微视频时，教师还要考虑学生的适应能力，学生在刚开始通过视频学习时往往很难集中注意力听讲，只是专注于记笔记。为了改变这种局面，教师可以为学生提供视频的副本，消除学生的后顾之忧，引导学生关注当期视频中的学习内容。

第四，在制作微视频时，教师不仅要重视整体上的视觉效果，更要突出学习的主题、要点，根据知识结构来设计互动活动，为学生搭建形式新颖、内容丰富的学习平台，让学生对微视频学习产生兴趣。

第五，在完成微视频的制作后，教师可以将视频上传到学校的网络平台上，方便学生随时下载学习。

第六，学生在学完微视频中的内容后，要对自己的学习情况进行总结，将疑问反馈给小组长，然后由各组的小组长汇总给教师。这种方式有利于学生的个性化学习，学生可以根据自己的情况选择学习资源，合理安排学习时间。

## （二）课堂教学

翻转课堂的课堂教学过程大致可以分为五个步骤：合作探究、个性化指导、巩固练习、反馈评价和课程总结。下面进行详细介绍。

### 1.合作探究

首先，对学生进行分组。合作探究学习从本质上来看是小组学习的一种有效形式，所以教师需要先对学生进行分组。在探究学习的过程中，小组各成员之间的配合是全关重要的，教师在分组时要注意每一位学生的知识基础、能力高低、性格特点等，在此基础上才能实现合理分组。合理分组的目的在于使小组成员之间优势互补，从而有利于他们开展良性的合作与竞争。

教师在划分小组成员时应按照"组间同质、组内异质"的原则进行，这样一来，学习成绩较好的学生就可以帮助学习成绩较差的学生，他们会通过相互合作来共同完成学习任务，这样还可以大大提高学生参与学习的积极性。在小组内部，各位成员都有自己的职责，在不同的任务阶段发挥着不同的作用，能使小组顺利解决问题，完成教师安排的学习任务。每位成员在任务面前都不能偷懒，必须积极思考、积极参与，同时还要合理分工，明确自己的阶段任务。

其次，策划和提出学习过程中的问题。在开展合作探究的学习过程中，教师为学生安排的学习内容要具有可操作性，教师为学生安排的讨论问题同样也要具有开放性。在课前，教师需要以学习的具体任务为前提，为小组内每位成员都安排相应的学习任务，同时为他们规定完成这次任务的时间。需要明确的一点是，教师安排的学习任务不能太笼统，如果太过笼统，小组各成员在完成任务时就有可能出现有的成员出力较多而有的成员完全不出力的情况，这不仅没有达到合作学习的最终目的，而且不利于培养小组成员的合作精神。在探究学习的过程中，教师作为引导者，应该为学生安排具有一定难度系数的任务，这样可以最大限度地调动学生学习的积极性。教师还可以为不同的小组布置不同的任务，促进各小组之间相互学习、共同提高。

最后，对合作探究的过程进行控制。在小组各成员开展探究学习时，教师无须在一开始就让他们共同完成任务。事实上，在任务刚开始时，教师应该让小组各成员根据任务的要求进行讨论，让他们进行独立思考，这有助于他们形成独立的思考能力。之后小组各成员之间开始就自己思考的结果展开交流，在讨论中发表自己的观点，最终把所有的观点与看法汇总到一起，得到一个每位成员都满意的结果。各小组还可以通过民主的方式选举一个发言人，然后将小组讨论的最终结果反馈给教师。

2.个性化指导

所谓个性化指导，是指教师为小组成员解答问题。在探究学习的过程中，小组成员难免会遇到各种各样的问题，教师可以针对小组成员遇到的问题展开具体化、个性化的指导，帮助他们清除学习过程中的障碍。当然，如果各小组遇到的一些问题具有普遍性，那么教师可以集中予以回答。

### 3.巩固练习

简单来说,巩固练习就是在教师为学生进行个性化指导之后,各小组成员对学习任务的结果进行总结和归纳,然后通过一定的练习来加深印象,及时巩固学习进程中的重点、难点。在这一阶段,教师可以安排小组之间进行知识方面的交流,这有助于他们共享学习成果及经验。

### 4.反馈评价

在这一阶段,教师不仅要评价小组探究学习的过程及结果,还要对各小组、小组内部各成员的表现进行评价。在评价过程中,教师要重视小组任务的整体完成情况,不能仅关注某些成绩较好的学生的表现。另外,教师还要重视小组中每位成员在任务完成过程中的积极性、主动性,对一些具有独创思维的成员给予合理、恰当的评价。这样不仅可以让小组其他成员向表现优异的成员学习,而且可以激发组内成员相互学习、共同进步的热情。此外,适当的评价还可以为小组成员树立榜样,降低个别学生的依赖性,有利于探究学习的顺利完成。

### 5.课程总结

在这一阶段,教师要安排各个小组之间展开交流,分享在学习进程中获得的信息,同时对这些小组成员的具体表现给予合理评价。在这一阶段教师需要注意的是,尽量给予学生积极向上的评价和鼓励,不要打击、批评他们,从而确保每个小组都能圆满完成学习任务。

综上所述,教师在应用翻转课堂时,不仅要强化课前预习的效果,还要注重提高课堂学习的效率。就翻转课堂而言,技术工具、信息资源是学生进行学习的基础。在当前信息技术快速发展的时代,各种教学资源、软件等已经十分普及,教师要利用各种软件广泛收集教学资源。对教师而言,其主要任务是通过设计科学的课堂教学活动来帮助学生完成知识的内化,这也是应用翻转课堂进行教学的最终目的。因此,教师在设计课堂学习任务时应充分利用情景、写作、会话等要素,引导学生了解知识的形成过程,从而实现知识的内化。

另外,教师还要引导学生利用网络技术主动进行学习、社交,并及时进行职业规划。翻转课堂能否真正帮助学生进行个性化学习,在很大程度上取决于教师能否引导学生合理地制定学习计划、使用学习工具。

## 第四节　ESP 教学

### 一、ESP 教学的定义

ESP 教学也被称为"专门用途英语教学"，提起专门用途英语，人们常把它与专门的词汇、专门的结构、专门的语法，即专门的英语联系起来，这就给我们认识"专门用途英语教学"造成了困扰。首先要明确的是，所谓"专门"是指"目的"而非"语言"本身。那么到底什么是 ESP 教学？该如何科学地定义它？学者们从不同的角度对其进行了诠释。

#### （一）韩礼德和斯特雷文斯的观点

1964 年，在《语言科学与语言教学》(*The Linguistic Sciences and Language Teaching*)一书中，韩礼德等人对 ESP 教学的定义进行了描述。他们认为 ESP 教学主要应用于公务员英语、警察英语、法官英语、药剂师和护士英语、农业专家英语、工程师和装配师英语。上述观点虽然指出了 ESP 教学在不同职业领域英语学习中的应用，但并没有细致地说明 ESP 教学的定义。

1977 年，斯特雷文斯（P. Strevens）再次尝试对 ESP 教学加以界定："广义上来说，ESP 课程的目标和内容，不完全或者完全不取决于普通教育的标准（如英语被当作学校里的一门科目），而取决于学生对英语在功能和实际应用上的需求。"这一说法在当时得到了很多人的认可。斯特雷文斯认为，ESP 教学和一般用途英语教学是截然不同的，甚至是两个对立的概念。ESP 教学的目标非常明确，内容十分清楚，在 ESP 教学中，交际需要占据着主导地位；一般用途英语教学则认为英语是一个普遍的学科，教授内容为通用的语言知识。

1988 年，斯特雷文斯在之前定义的基础上提出了更加详细的定义，其定义主要包括四个绝对特征和两个相对特征。ESP 教学的绝对特征包括：①满足学生的需求；②教学内容与特定学科、职业、实践活动相关；③实用语言中的语法、词汇、语义和语篇分析等方面是 ESP 教学研究的重点；④与一般用途英语对立。ESP 教学的相对特征包括：①可以只培养一种语言技能，如口语技能；②教学方法不受主流教学方法的限制，可以选取任何适合的教学方法。

虽然斯特雷文斯对 ESP 教学的定义较为细致，但是仔细研究却可以发现该定义中存在的两个问题：

第一，在绝对特征的第二点中指出 ESP 教学与特定的学科、职业、实践活动相关。这种说法很容易让教师产生一种错误的认识。也就是说，教师会认为教授内容必须和相关学科内容有关。但是在 ESP 教学中，通常反映的是某项特定学科的基本概念和实践活动，也就是在整体上要围绕着某项学科开展，并不是指所有的教学内容都必须和该学科相关。

第二，绝对特征中的第四点指出，ESP 教学与一般用途英语对立。由于 ESP 教学是英语语言教学的重要分支，因此其无论是在教学方法还是在课程设计上都和一般用途英语有着密切的联系，二者之间的共同性要大于差异性。

### （二）达德利艾梵和圣约翰的观点

达德利艾梵（T. Dudley-Evans）和圣约翰（M. J. St. John）对 ESP 教学的最基本认识是："ESP 教学所使用的教学方法应该与一般用途英语教学区别开来。"他们还认为，在某一特定学科领域的教学中，ESP 教学的相关方法应该显示出自己的独特之处。这一说法主要体现在 ESP 教学的两个方面。

一是教师在与学生互动的过程中所扮演的角色。在 ESP 教学的普通阶段，教师的角色和一般用途英语教学中教师的角色相似。但是，在 ESP 教学的高级阶段，教师应充当一个语言顾问，为具有专业知识的学生提供语言上的帮助。

二是 ESP 教学的指向性。它应该反映出其服务于专业教学的相关特点，如教学方法、教学内容等。

达德利艾梵和圣约翰对 ESP 教学的定义也具有绝对特征和相对特征两个方面。绝对特征包含以下三个方面的内容：①满足学生的需求；②反映所服务的某一特定学科的教学方法和实践活动；③重点研究实践活动语言中的语法、词汇、语域、技能、语篇和体裁。相对特征包含以下四个方面的内容：①与某一特定的专业学科有关；②具体教学过程中可能和一般用途英语的教学方法有所区别；③授课对象没有严格限制，高等教育机构、在职人员甚至中学生都可能成为 ESP 教学的授课对象；④授课对象基本上是已掌握语言基础知识的学生，他们大多至少已经达到中级水平，但初学者也可以参与到 ESP 教学的课程中来。

将达德利艾梵和圣约翰对 ESP 教学的定义与斯特雷文斯的定义进行对比，可见二者具有一定的相似性。这些学者定义的差异性主要集中在"对 ESP 教学与一般用途英语进行对比"这一观点上。

达德利艾梵和圣约翰对 ESP 教学的定义在一定程度上弥补了斯特雷文斯定义中的一些不足和缺陷。另外，从达德利艾梵和圣约翰对 ESP 教学的定义中可以看出，ESP 教学在本质上是一种教学方式，并不绝对地区分教授对象，限制授课内容。其教学目的在于满足学生的特殊需求，教学内容通常是和某一特定学科相关的英语语言技能。这个观点的提出有一定的进步意义。

### （三）哈钦生和沃特斯的观点

对于 ESP 教学的定义，哈钦生（T. Hutchinson）和沃特斯（A. Waters）的观点是，ESP 教学应该被看作一种途径，而不是一种产品。它不是一种特殊的语言或特殊的教学方法，也不包括特殊的教学材料，它只是一种语言教学方式。

哈钦生和沃特斯认为，要想确切地知道 ESP 教学究竟是什么，就必须着眼于学生学习英语的原因。很多学生学习英语的需求与动机是决定 ESP 教学概念的关键所在。哈钦生和沃特斯对 ESP 教学的界定并不是要说明 ESP 教学是什么，而是要说明 ESP 教学不是什么。

他们认为，ESP 教学不是教授语言的"专门种类"，不是为科学家提供科技用语和语法的教学，也不仅仅是为宾馆、饭店人员准备的服务接待词汇和语法的教学。在教学上，ESP 教学与其他形式的语言教学一样，并非属于另一种类，因为语言教学所依据的基本原则都是学习的有效性。

### （四）罗宾逊的观点

罗宾逊（P. Robinson）在给 ESP 教学下定义时同样也考虑到了学生的需求这一因素，罗宾逊对 ESP 教学的定义首先立足于两个标准：①ESP 教学具有以目标为导向的特点；②ESP 课程设置需要符合学生的需求。

此外，罗宾逊对 ESP 教学的界定还体现在一些特征上，如学生通常是来自相同的专业背景或者从事着共同职业的成年人,他们具有相似的英语水平、专业知识和语言学习的需求和动机。这就是罗宾逊所说的"同质班级"。

ESP进入我国的时间并不是很长。随着国际交往范围的日益扩大,以及经济全球化、科学技术一体化、文化多元化时代的到来,加之我国大学新生的英语整体水平的提高,专门用途英语教学将是我国大学英语教学的发展方向。

## 二、ESP教学的分类

ESP教学可以根据不同的标准进行不同的分类。其中,"两分法"和"三分法"是具有影响力的分类方法。

### (一)达德利艾梵和圣约翰的两分法

按照职业领域,达德利艾梵和圣约翰将ESP教学分为两类:学术用途英语和职业用途英语。其中,学术用途英语被分成不同的学科和领域,如广告英语、医疗英语、法律英语和其他学术英语等。而职业用途英语又被分为专业英语和行业英语,这里的专业英语包括广告英语和商务英语,而行业英语又包括行业前英语和行业后英语。行业前英语侧重于培养学生在进入某行业之前的面试技能,行业后英语则侧重于对这一行业的从业人员进行培训。

### (二)罗宾逊的两分法

罗宾逊以学生的学习经历为标准,也将ESP教学分为学术用途英语和职业用途英语两类。但罗宾逊的分类方法与达德利艾梵和圣约翰的略有不同,罗宾逊是基于ESP教学的不同阶段进行分类的。这种分类方法对ESP教学的课程设置有重要的指导意义,它可以明确ESP教学在各个阶段的任务,避免教学的盲目性。

### (三)乔丹的两分法

1997年,乔丹(R. R. Jordan)以英语语言教学为出发点,提出了一种新的两分法。乔丹对ESP教学的划分与前面两种划分方法的不同之处在于,乔丹将更多的重点放在了 ESP 教学在各个领域和各个阶段的应用上。这种划分方式在把握 ESP 教学的重难点，以及根据 ESP 教学进行课程设计等方面都有重要的影响。

### （四）哈钦生和沃特斯的三分法

哈钦生和沃特斯以学科类别为出发点，将 ESP 教学分为三类：科学技术英语、商务经贸英语和社会科学英语。

### （五）卡特的三分法

卡特（D. Carter）将 ESP 教学分为三类，即受限英语、学术和职业英语以及特定主题英语。

有研究者对受限英语进行了说明，他们认为一些特定行业的服务人员虽然掌握的词汇和语法都十分有限，但是却能够在这一领域中准确传达信息，这就是一种受限制的语言。但是卡特认为，学术用途英语和职业用途英语之间没有绝对的界限，在特定的场合中二者是可以相互转化的。特定主题英语主要与未来的某项需求相关。

## 三、ESP 教学与 EGP 教学

EGP 教学的主要关注点是英语基础知识，强调学生对英语基本语言结构的掌握，并在这一目标的基础上培养学生的听、说、读、写、译五项技能。在 EGP 教学中，学生能够阅读一些难度适中的文学作品，能够进行简单的对话，能够应付普通语言水平测试。但是，EGP 教学难以满足社会对外语人才的需求。当今社会急需的外语人才不仅要有良好的语言功底，还要具备在某一特定职业领域熟练运用语言进行交际的能力。

ESP 教学在某种程度上是普通大学英语教学的扩展和延续，是相对于大学英语教学而提出的。在整个英语教学体系中，ESP 教学与 EGP 教学实际上是服务于共同的教学目标的，两者存在千丝万缕的联系。

### （一）EGP 教学与 ESP 教学是教学的统一体

ESP 教学是英语教学的一个分支。虽然不同专业的 ESP 教学需要教授的内容不同，但是由于它们属于相同的语言体系，其区别仅在于某些语法项目、词语的意义和出现的频率以及句法结构等方面。从这些方面来看，ESP 教学与用英语来讲授专业课程是两个完全不同的概念。后者从本质上来看依然属于专业课程，讲授的重点依然是与专业相关的知识和技能，只不过讲授的媒介是英语。而 ESP 教学从根本上来讲依然属于语言课程，教学的重点是与某一专业相关的英语语言知识和技能，旨在通过系统的教学，帮助学生了解和掌握该专业领域所使用英语的语言特点和规律。

如果说 EGP 教学讲授的是语言的通用知识和技能，那么 ESP 教学就可以看作 EGP 教学的拓展和延伸。只不过两种英语教学方式处于英语学习中的不同阶段，EGP 教学处于基础阶段，而 ESP 教学则处于更高级的阶段。由此可见，EGP 教学与 ESP 教学实际上是英语教学中的统一体。

### （二）EGP 教学是 ESP 教学的前提

很多高校都设置了大学英语课程，当学生具备了一定的语言功底之后，再开设相应的专业英语课程。这种课程设置是有一定的合理性的，符合英语教学的特点与学生语言学习的规律。

虽然学生在进入大学之前就已经掌握了一定的词汇量和语法知识，也能够运用一些语言技能进行简单的交际，但是他们在高中学到的英语知识毕竟有限，而且只是一些基础的英语知识。此外，高中阶段的英语教学侧重学生的阅读能力和写作能力，而对最重要的听、说能力的培养却相对不足。ESP 教学对学生语言能力的要求较高，学生不仅要具备听、说、读、写、译五项基本语言技能，还要掌握丰富的词汇量和一定的语言应用能力，这属于较高层次的要求。只有当学生具备了扎实的语言功底，才能在此基础上将所学英语知识与专业课程相结合，进而进行 ESP 学习。由此可见，ESP 教学的开展是以学生具备良好的英语水平为前提的，而学生基础语言能力的培养是要靠 EGP 教学来完成的。因此，我们说 EGP 教学是 ESP 教学的必要前提，ESP 教学不能脱离 EGP 教学而独自进行。

另外，ESP 教学的主要目的是提高学生的语言应用能力与交际能力，使其适应日后复杂的语言交际环境。这种以语言技能为基础的课程也是在基础语言学习的基础上进行的。综上所述，EGP 教学是 ESP 教学的重要前提。

### (三) ESP 教学比 EGP 教学更实用

**1. ESP 教学的内容更为丰富**

ESP 教学内容丰富,以学生为中心开展英语教学工作,能够让学生更加深入地了解语言知识与专业知识。所以,ESP 教学的内容更加丰富。

**2. ESP 教学更重视个体需要**

大学英语的教学目标是帮助学生打下扎实的语言基础,掌握良好的语言学习方法,增强学生的自主学习能力,提高学生的综合文化素养,使他们具有较强的英语综合应用能力,特别是听、说能力,从而让学生能用英语有效地进行口头和书面的信息交流,以适应社会发展、经济建设和国际交流的需要。

EGP 教学重视对学生基础语言知识的教学,同时也注重对学生英语综合应用能力的提升,其最终目标是使学生能够适应社会发展、经济建设和国际交流的需要。可以说,这样的教学目标是符合学生自身的个体需求的。学生学习英语最主要的目的是使用英语,即将所学英语知识和技能应用到日后的学习和工作中。但是当今的大学英语教学过于关注学生的基础知识与语言技能,忽视了学生语言应用能力的发展。这种教学模式培养出来的学生,并不能满足社会发展的需要。

相比之下,ESP 教学便是满足学生个体需求的英语教学方式,它将英语学习与专业技能相结合,让学生学到的是可以应用于实际工作和社会交际中的英语。正如约翰逊(K. Johnson)所说:"相对而言,学习者的语言需要在 ESP 中较容易确认,这是 ESP 引人注目的特色之一。"由此可以看出 ESP 教学对学生个体需求的重视。

**3. ESP 教学更加重视应用技能**

EGP 教学主要是对学生的语言能力进行培养,而 ESP 教学注重培养的是学生的语言应用能力,即交际能力。也就是说,EGP 教学以语言教学、语言讲解和技能训练为主,主要是训练学生的听、说、读、写、译等基本技能,使其掌握一定数量的通用词汇;让学生掌握语言的普遍用法,训练学生的基础语言技能,帮助学生认识并掌握英语语言的普遍性,为学生打下扎实的英语基础。

ESP 教学则将英语教学的重点从"知识"转移到了"应用",以语言的实用性为教学核心,旨在培养学生与某职业领域相适应的英语应用能力,让学生掌握在英语学习的基础阶段没有掌握或尚未完全掌握的专门领域的英语知识和技能,使其在某专业学科领域或在实际的工作环境中,能够以英语为媒介进行沟通。在这种理念下形成了针对性强、以实用能力训练为中心的教学模式,其基本特点是"用中学,学中用,学用统一"。

综上所述,ESP 教学和 EGP 教学是相互依存、彼此互补的一个有机整体,EGP 教学是 ESP 教学的基础,ESP 教学是 EGP 教学的拓展和延伸。只有把 EGP 教学扩展到 ESP 教学,才能真正培养出符合社会需求的人才,也只有落实好 EGP 教学,才能保证 ESP 教学的顺利开展,两者缺一不可。因此,在进行 EGP 教学和 ESP 教学时,教师应充分考虑英语教学的规律,并及时把握学生的学习状况,做到循序渐进、统筹安排,使两种不同的英语教学方式合理地衔接起来,从而保证大学英语教学向更科学、更有效、更协调的方向发展。

## 四、ESP 课程设计

由于 ESP 教学与 EGP 教学关系密切,因此设计大学 ESP 课程就成了大学英语教学改革的重要途径。下面对大学 ESP 课程设计的原则与方法进行总结与分析。

### (一)ESP 课程设计的原则

大学 ESP 课程设计需要遵循一定的原则,课程设计者不能随意地进行设计。主要的原则有以下几条。

#### 1.学生中心原则

学生中心原则指的是在设计课程时始终要以学生为课程设置与实施的主体。设计 ESP 课程的目的是培养专门性英语应用人才,因此教学落脚点应该是人才的培养,也就是将学生作为教学的中心。这一课程设计原则要求教师将课堂教学的主动权交给学生。在设计 ESP 课程时,教师要改变传统的英语教学模式,在课堂上给学生留出适当的思考与体会的时间。同时,教师在设计课程时还需要切实体会学生的心理活动,了解学生的学习需求,从学生的角度出发提高课堂教学的趣味性。为了达到这一效果,教师可以通过多媒体等教学手段进行教学。这种教学方式不仅节省了大量课堂教学时间,还能给学生提供更多的学习信息。

学生中心原则能使学生了解自己在教学中的地位,从而正视自己的主观需求,在学习过程中更好地进行思考,提高自身的主动性。从这个意义上来说,学生中心原则也是保证课堂教学效果的重要手段。

**2.需求分析原则**

上文介绍了需求分析与ESP教学的联系，因此设计ESP课程也需要遵循需求分析的原则。如前文所述，需求分析包括两个层次，即目标需求和学习需求。目标需求旨在分析学习者的学习目的、语言水平、未来可能遇到的社会文化情境和工作情境以及这些情境对学习者的心理和工作的影响等；学习需求旨在分析学习者在未来的社会文化情境和工作情境中必须掌握的语言知识与技能，包括掌握的顺序、方法等。

通过对这两个层面的需求分析的了解，教师能准确把握课程内容及其内在联系。因此，将其应用到ESP课程设计中能够起到激发学生兴趣，提高教学效果的作用。

**3.鼓励考核原则**

在设计ESP课程时，还需要遵循鼓励考核的原则。这个原则指的是在课程中加入相关的考核内容，从而判定学生的学习状况。

目前，国内很多高校的课程考核都采取将平时成绩与期末成绩相结合的方式。这种考核方式注重学生的日常表现，关注学习过程，而非为了应付考试临时抱佛脚。目前，国内此种考核方式的评定比例是平时成绩占总成绩的20%～30%，期末成绩则占总成绩的70%～80%。

在具体的ESP课程设计过程中，课程设计者可根据具体的学科差异确定考核的标准，同时也可加大平时成绩所占的比例，从而激励学生主动学习。另外，这种考核方式还减轻了区域差异对学生成绩的影响，有利于调动学生学习的积极性。

**4.重视教材原则**

教材是开展教学活动的重要材料，因此设计ESP课程也需要重视教材的作用。目前，国内ESP课程的教材建设还处于起步阶段，尚不系统、完善，而根据学生的语言水平、兴趣爱好选择合适的材料是十分关键的。实践证明，ESP课程的教材建设是一项长期而艰巨的任务，需要经过反复实践与修改。

**5.技能核心原则**

设计ESP课程的初衷是提高学生的语言技能，而不是单纯地让学生掌握非专业知识。因此，在设计ESP课程时应遵循技能核心的原则，将教学重点放到学生语言技能的提高上。

在贯彻技能核心原则时，课程设计者要区分专业英语教学、双语教学和普通英语教学。例如，法律英语教授的是法律领域的英语词汇、句法、语法、篇章特点，而不是该专业领域系统的知识。简单地说，ESP教学是以专业课程为媒介进行的英语语言教学，而双语教学是以英语为媒介进行的专业知识教学。因此，ESP课程设计要围绕提高英语能力这一目标进行。

## （二）ESP课程设计的方法

ESP课程和EGP课程都是英语教学中的重要分支，在进行课程设计时应该充分考虑二者的关系，形成总体框架。因此，在进行课程设计时需要从整体上把握ESP课程的完整性，提高课程设计的科学性。ESP课程设计的方法主要有以下几种。

### 1.以语言为中心的课程设计方法

（1）演变历程

以语言为中心的课程设计方法是ESP课程设计中最简单的一种。这种课程设计方法能最大限度地将目标需求的分析结果转化为ESP课程内容，即在目标情境分析和ESP课程内容之间建立可能的联系。

在具体实践中，应先选择语言理论，确定学生的目标情境，然后确定目标情境的语言特点，接着创建大纲，之后设计资料并在大纲中体现出来，最后建立评估程序，检查大纲的落实情况。

以语言为中心的课程设计方法的雏形是哈钦生和沃特斯的课程设计模式。他们认为课程设计的实质就是提问题，这些问题可以作为某些环节的基础，如编写大纲、设计材料、编写材料、进行课堂教学以及评估等。主要的问题有以下几个：①为什么学生需要学习；②谁将参加课程设计；③学习场所在哪里；④学生需要学习什么；⑤什么时候学习，有多少学习时间，如何分配学习时间；⑥如何获得学习效果，采用哪些学习方法，依据什么学习理论。

哈钦生和沃特斯明确区分了语言描述理论和学习理论，并在此基础上提出了课程设计的框架。这个框架包括以下几项内容：①语言描述；②学习理论；③需求分析；④大纲；⑤材料评估；⑥材料设计；⑦教学方法；⑧评测。

（2）理论基础

课程设计需要一定的理论作为基础。一般来说，以语言为中心的课程设计方法的理论基础包括语言描述理论和学习理论。

语言描述理论。该理论是以学习为目的，对语言系统进行分析和描述的一种理论。对ESP教学产生较大影响的语言描述理论有结构主义语言学理论、转换生成语言学理论、话语分析理论、语言变体和语域分析理论等。

学习理论。该理论强调进行理论学习有利于我们更好地理解学习方法,如行为主义理论、认知理论等。但是学习理论又强调,我们不能仅依赖某一种理论,而是要借鉴各种理论的长处,并结合教师的经验来选择合适的学习方法。

另外,对以语言为中心的课程设计方法影响最大的当属需求分析理论。需求分析理论从学生的角度出发,通过建立不同学习阶段的教学大纲,对教学材料进行设计,最后进行评估。

(3) 设计缺点

课程设计方法通常具有一定的定式,但并不是固定不变的。每一种课程设计方法都需要依据具体的教学情况和教学特点进行调整。以语言为中心的课程设计方法虽然在ESP教学中得到了广泛应用,但随着时代的发展与教学的深入,其也暴露了一定的缺点。

首先,以语言为中心的课程设计方法对目标情境数据进行的分析是非常肤浅的,因为它不能体现学生的实际操作能力。

其次,以语言为中心的课程设计方法缺乏灵活性。因为一旦对目标情境进行分析就会使课程变得僵化,因此这种课程设计方法很难考虑到与人类行为相关的冲突与矛盾。除此之外,这种课程设计方法也没有考虑到可能出现的关键因素,没有思考最初的分析是否有误。也就是说,以语言为中心的课程设计方法没有一个反馈的渠道和修正错误的容许范围。

再次,以语言为中心的课程设计方法看似以学生为中心,实际上学生只是界定目标情境的手段。在该课程设计方法中,教师教给学生的只是有限的语言知识,缺乏英语应用技能。学生在整个课程设计过程中反倒成了界定有限领域的一种手段,除此之外不再有任何作用。因此,我们在对ESP教学进行需求分析时,在每个阶段都必须考虑学生的自身需求。

再者,以语言为中心的课程设计方法没有考虑到课程设计过程中的必要因素,使得需求分析的数据丧失意义。例如,适合教学的好的材料应该是有趣的,但对语言各项指标的分析不会告诉我们一个文本或一个活动是否有趣,这就会给课程设计带来困扰。

最后,以语言为中心的课程设计方法看起来有着极强的系统性,但操作起来却容易产生错误的认识,即学习本身就是系统的。系统化的分析和语言数据会不自主地引导学生进行系统的学习。事实上,学生的学习是通过将知识的各个部分融合在一起而形成的有意义的预测系统,但该系统必须是内化产生的系统,而不应该是外部强加而形成的系统。在进行课程设计时，应先使该系统看起来是有意义的。

2.以技能为中心的课程设计方法

（1）基本步骤

以技能为中心的课程设计方法更重视学生的主观能动性，如图4-1所示。

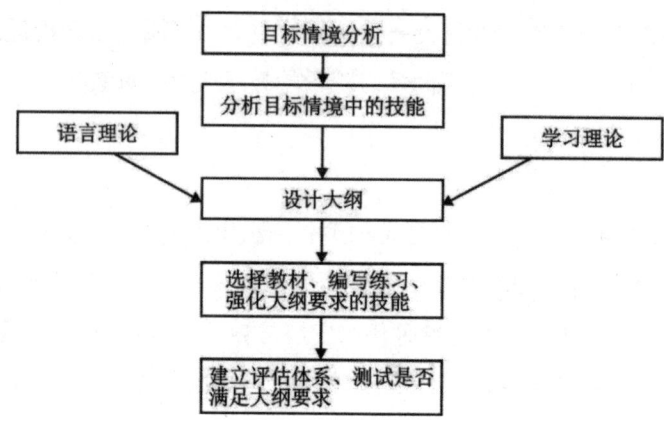

图 4-1 以技能为中心的课程设计方法示意图

（2）主要作用

从需求分析的角度出发，以技能为中心的课程设计方法主要有两个作用：第一，使课程设计者发现学生的能力和潜力；第二，为挖掘学生在目标情境中的能力提供依据。可见，这种课程设计方法与以语言为中心的课程设计方法相比更关注学生。这主要体现在以下四个方面。

第一，以技能为中心的课程设计方法把语言看作学生大脑加工的过程。

第二，以技能为中心的课程设计方法尽力探索学生带到课堂上的一些积极的因素，而非仅仅停留在让学生学习一些知识点上。

第三，以技能为中心的课程设计方法不把目标限定在学期学习中。

第四，以技能为中心的课程设计方法把学生看作语言的使用者，更关注学生的语言使用情况。

3.以学习为中心的课程设计方法

（1）产生原因

以学习为中心的课程设计方法指的是将学习作为教学的重点。一般来说，这种课程设计方法产生的原因主要包括以下三点。

第一，学习不仅是思维的过程，还是协调个体与社会关系的过程。对于ESP教学来说，社会为其设定了在目标环境下使用英语的目标，而学生必须竭尽全力来靠近这一目标。

第二，在学习过程中，学生自己决定靠近目标的途径和速度。

第三，学生不应被动地等待知识的传递，而要主动地学习。但这并不意味着目标不重要，它仍对学生可能选择的学习途径有着重要作用。

在运用以学习为中心的课程设计方法时，在教学的整个过程中都需要考虑学生的因素，要发掘学生的潜能，从而提高学生的语言学习能力和应用能力。具体来说，以学习为中心的课程设计方法的作用渗透在以下课程设计因素中：①确认目标情境；②分析目标情境；③分析学习情境；④设计大纲；⑤编写教材；⑥教授教材；⑦评估学生成绩。

（2）设计原则

由于每一种课程设计方法的侧重点不同，在设计的过程中需要遵循的具体原则也不同。以学习为中心的课程设计方法的设计原则主要有以下两条。

第一，以学习为中心的课程设计过程应该是一个协调的过程。ESP教学的学习环境和目标环境都对大纲性质、教学材料、教学方法和评估过程有影响，并且每个组成部分也会相互影响。

第二，以学习为中心的课程设计过程应该是一个动态的过程。这一过程并不是从最初分析到课程完成之间的线性移动，其需求和资源也会随时间的变化而不断变化。所以，这种课程设计方法需要一个嵌入式的反馈渠道，以满足课程的发展需要。

（3）设计优点

以学习为中心的课程设计方法主要有以下几个优点。

第一，以学习为中心的课程设计方法认为，语言是需要主动学习的。

第二，以学习为中心的课程设计方法在具体的环节中充分考虑了学生的因素。

第三，以学习为中心的课程设计方法的流程系统性强、逻辑清晰，自身有一定的完整性，并带有科学的反馈系统。

第四，以学习为中心的课程设计方法突出了学生的需求，也体现了学生的作用，因此能够调动学生学习的积极性。

第五，以学习为中心的课程设计方法的教学过程具有多样性，因此能够激发学生学习英语的兴趣。

随着大学英语教学改革的推进，ESP教学在大学英语教学工作中发挥着越来越重要的作用。相关教学工作者与课程设计者应该重视ESP教学的作用，切实提高我国大学生的英语学习水平和语言使用水平。

## 五、ESP 材料设计与教学大纲制定

### （一）ESP 材料设计

对 ESP 材料进行设计要充分考虑以下四个要素。

1. 输入

根据需求分析，输入的可以是一篇短文、一段对话、一张图表或一段录像等。输入可以推动教学活动的开展，提供新的语言知识，展现语言使用的正确模式；同时还能确定交际主题，促使学习者运用已有的信息加工处理技能，为学习者提供运用已有的专业知识和语言技能的机会。学习者对语言输入的注意程度会影响输入的诸多功能的实现。影响学习者对语言输入的注意程度的因素有四个：①语言输入质量；②语言输入所强调的重点；③对处理语言输入所提出的要求；④学习者的个体差异。为了使学习者合理配置有限的注意力，就要采取提高学习者注意程度的措施。例如，在输入时可注意关键信息出现的频率及其吸引力。

2. 内容中心

内容中心指输入中有意义的交际内容（专业知识）。语言本身并非活动的终结，而是一种用以传递信息、感知事物的方式。通过语言传递输入中有意义的交际内容，能使教学交际活动更有意义。通过教学材料，学习者可以了解相关领域的专业知识。

3. 语言中心

即输入中必要的语言知识。没有必要的语言知识，交际任务与活动就无法正常进行。因此要发挥语言的实际应用功能，实现语言的交际目的，就有必要使学习者掌握语言知识技能。一定语言知识的传授在 ESP 教材中是必要的。以上两点说明，ESP 教学材料输入部分要做到专业知识与语言知识的有机结合。

4. 任务

任务即操练所学内容和知识。语言学习的最终目的是应用语言。因此材料的设计要引导学习者最终能够运用所学的语言和专业知识来完成相关领域的交际任务。换言之，材料设计以及围绕材料展开的教学活动最终要落实到学习者的任务实践上。常见的 ESP

材料设计任务如图4-2所示。

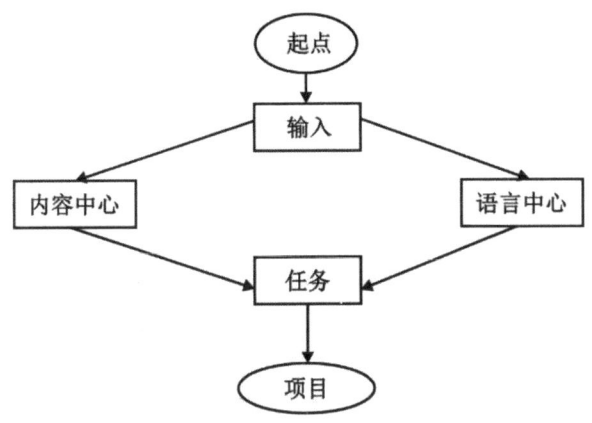

图 4-2　常见的 ESP 材料设计任务

ESP 课程是一门实践性很强的课程，教材的编写更是一项浩大而又烦琐的工程。教材不仅要考虑语言教学内容、专业教学内容以及教学方法，还要考虑实现教材功能的方法、途径和技术手段，使得教材从功能、内容、结构一直到信息表现形式等方面都跟上时代的步伐，并与专业领域的发展紧密相连。教材的设计涉及社会学、心理学、信息学、教育技术学、计算机科学等学科的跨学科研究，普通英语教师的知识与能力有限，因此需要媒体专家、信息专家、计算机专家以及其他学科专家的通力配合，这样才能编写出一套成功的、满足学习者需求的教材。

目前，国内不少 ESP 课程原封不动地采用原版教材的做法是不可取的，原版教材不一定符合我国学生的实际水平，也不一定能满足我国学生的实际需要，在内容和难易度上也很难把握。鉴于国外 ESP 教材建设已经十分完善，笔者建议充分利用国外丰富的教材资源与经验，结合学生实际情况，对国外原版 ESP 教材进行筛选，请相关领域专家协助对其进行整理、改编，这样的教材比教师独立撰写的教材在质量上更有保证。

## （二）ESP 教学大纲制定

### 1. ESP 教学大纲的制定原则

一是教学计划整体优化的原则。教学大纲的制定首先应当考虑本门课程在整个教学计划中的地位和任务。教学计划中的每一门课程都是互相联系的，各门课程在内容上要衔接得当，同时避免重复或遗漏。

二是学科体系科学严谨的原则。教学大纲的编制应建立在本学科严谨的科学体系基础之上，符合本学科体系的内在逻辑结构。

三是科学性与思想性相结合、理论联系实际的原则。教学大纲的编制应从学科内部处理好科学性与思想性、理论与实践的关系。

四是以学生为中心选择教学内容和组织教学的原则。

五是稳定性与机动性相结合的原则。教学大纲要保持相对的稳定性，这样才能保证稳定的教学质量，同时也要不断更新，以适应新的情况。

## 2.ESP 教学大纲的基本结构与内容

ESP 教学大纲的结构一般分为三个部分。

（1）说明部分

说明部分包括以下几项内容。

一是课程的性质和任务。说明课程的基本类型、基本属性和为实现培养目标所承担的任务。

二是适用专业与学时数。说明教学大纲适用的专业及学时数。

三是教学的基本要求。说明在学完课程后，学生在知识、技能和能力方面分别应达到的程度。

四是本课程与其他课程的关系。简要说明本课程与相关课程的关系及学生在学习本课程之前应具备的基础知识。

五是主要教学方法与媒体要求。说明本课程教学采取的主要方法以及教学过程中需要的基本实验仪器、设备、教学辅助设施等。

六是推荐教材及参考书。推荐教材及参考书要能反映该学科最新的研究成果、理论动态。

七是相关单位和人员。相关单位和人员包括开课及编写大纲单位、课程负责人、审定单位或个人。

（2）正文部分

正文是大纲的主体，是对课程具体内容的详细说明，反映了教学内容的基本结构及其主要的教学形式。它以学科的科学体系为基础，结合教学方法的特点，依次排列该门课程教学内容的主题、分题和要点，一般以篇、章、节、目等编制成严密的教学体系。

（3）附录（或附表）

为了使大纲简单、明快、重点突出，如果某一部分内容太多，可采用附表的形式将内容详细地列出。

鉴于我国大学英语教学大纲绝大多数由教育部统一制定并颁布实施，教师在大纲的编写方面没有受过专门的训练，对如何编写大纲无从下手。而 ESP 课程的特殊性往往要求教师本人或教师团体合作编写大纲或选编教材，在此提供一个商务英语方向的教学大纲样本以供参考，该样本可以清楚地展现 ESP 教学大纲的基本结构与内容。

具体内容如下。

COURSE SYLLABUS (SAMPLE)

COURSE TITLE: BUSINESS ENGLISH

COURSE LEVEL: ELEMENTARY

COURSE DURATION：15—18 weeks

GOALS OF THE COURSE:

1.Use English for business communication with co-workers in some situations via speaking and listening.

2.Read adapted passages and articles on business topics and identify main ideas.

3.Carry on business correspondence by understanding and replying to sample in coming e-mails, faxes.

OBJECTIVES OF THE COURSE:

Upon completion of the course, the students should be able to demonstrate the ability to:

◇understand basic expressions, questions and statements about self, work in predictable situations.

◇distinguish the main idea of a short conversation on a familiar topic.

◇ask for and give personal details such as name, job, nationality, and family information.

◇use simple greetings and introduce oneself and others to overseas partners.

◇talk about calendar dates and make appointments (on the phone/by e-mail/at the meeting).

◇order food in a restaurant and make simple requests in stores and restaurants.

◇make a hotel reservation.

◇talk about events or activities in the past, present and future.

THEMATIC STRUCTURE OF THE COURSE:

Program topics (the themes taken at the course):

◆Introductions

◆Work and leisure

◆Problems at work and where you live

◆Travel

◆Food and entertaining

◆Sales

◆Markets

◆Companies

◆The Web

◆Company cultures

◆Jobs: CV and skills

Teaching methods

Role-plays, dialogues, translation completion, text reading and discussion, audio records listening, small summaries writing and other activities available to the teacher by the methodic approach chosen for the course, etc.

Attendance

Attendance is essential and required (legitimate excuses will be considered). When circumstances prevent you from attending a class, it is your responsibility to inform the teacher or coordinator, preferably prior to the absence. The critical level of missed lessons is set up at 20%. By reaching the critical level of missed classes, the school is entitled to stop your studies.

Homework and homework check

Homework is provided every lesson and is given 5—10 minutes before the end of the class. The home task may vary in dependence on the skills being developed.

Every lesson begins with the check of your homework; the typical home assignments for this program will include retelling, text reading and translating, vocabulary study, grammar exercise completion.

Revision

The revision is set up one lesson before the progress test and two lessons before the final test; it assumes revising of vocabulary and grammar material.

Besides, the lessons are set up as a consequent process of proper practice of the material taken before. The revision of already studied grammar and vocabulary is arranged every lesson so that the student has to encounter with it in every exercise, listening task and text.

The progress test

The progress test is mandatory and held every 8—10 lessons to check and control the advance. The assignments of test are obligatory to include business etiquette check by meeting or telephone talk role-play, topic discussion and letter writing.

The final test

The final test includes oral (this may involve discussing, telephone talk role-play, text skimming with non-stop retelling and discussing) and written (grammar translation completion and letter writing) assignments.

The test is credited by points. Every task (oral/written) is marked with max 25 points. If you make a mistake, you get one point less. So you seem to succeed if you get not less than 80 points.

The Certificate

At the end of your course, you can request the certificate on education. The certificate awarded to students who complete the program. To claim the certificate you must succeed in passing the final test.

可见，ESP 课程给大学英语教师带来了新的挑战，教师只有具备强烈的自我发展意识，才能不断超越自我，提升自我价值，获得专业满足感。此外，美、英等以英语为母语的国家的 ESP 教学和科研已十分完善，在一些英语水平较高的亚洲国家和地区，ESP 教学也已成为大学英语教学的主流，这种成熟的教学模式值得我们借鉴。

# 第五章 跨文化传播背景下的大学英语教学

## 第一节 跨文化传播的基础理论

### 一、跨文化传播的定义

学界对跨文化传播的定义多种多样,侧重的角度也各有不同,主要可以概括为以下三种类型。第一,来自不同文化背景的人际交往与互动行为。第二,信息的编码、译码由来自不同语境的个体或群体进行的传播。根据这一定义,文化是通过象征符号的编码得以表现的,传播双方的信息编码不同的传播可以称为跨文化传播。第三,由于参与传播的双方的符号系统存在差异,传播因之而成为一种符号的交换过程。这一定义主要强调了不同文化交往中文化差异的影响。综合来说,可以认为,所谓跨文化传播,就是不同文化之间以及处于不同文化背景的社会成员之间的交往与互动,涉及不同文化背景的社会成员之间发生的信息传播与人际交往活动,以及各种文化要素在全球社会中流动、共享、渗透和迁移的过程。

跨文化传播一词,英文表述为 intercultural communication 或者 cross-cultural communication,可以表示"跨文化传播交际现象"或"跨文化传播交际学"的意思。在英汉翻译时,有的学者将它译为"跨文化交流",有的译为"跨文化传播",有的译为"跨文化传通",还有的译为"跨文化沟通"。这是由于跨文化交际具有多学科背景,学者在选择译名时不可能不受到自己学科的影响。选择"跨文化交际"译名的大多具有语言学或外语教学的背景,因为 communication 在语言学中通常译为"交际"。选择"传播""沟通""传通"的大多具有传播学的背景。

## 二、跨文化传播的要素及其关系

研究跨文化传播首先要研究"文化"和"传播"这两个要素及它们之间的关系,可以说文化是跨文化传播研究的核心。文化是人们为了使自己的活动方式被社会其他成员所接受、所必须知晓和相信的一切组成。作为人们不得不学习的一种有别于生物遗传的东西,文化必须有学习的终端产品——知识(就这一术语最宽泛的意义来说)组成。概括来说,文化即人们所思、所言(言语和非言语)、所为、所觉的总和。在不同环境下,不同的民族和国家创造了自己特有的文化,也被自己的文化所塑造。

文化具有如下特点:①文化不是与生俱来的,是以符号为基础通过后天习得且代代相传的;②文化中的大部分是隐形的,存在于人的潜意识中,是不自觉的,所以人们接触自己的文化时感觉很自然,而当人们与异域文化接触时,便感觉到了自己文化的独特性;③文化具有动态特征,虽然文化一经形成便具有一定的稳定性,但是随着社会和历史的变迁,文化也是不断变化的;④文化具有系统性,其内在的各部分是互相关联、相互作用的。总的来说,文化是一个非常复杂的系统,它包含诸如认知体系、规范体系、语言和非语言系统、社会组织与家庭、历史、物质产品、地理环境等要素,各要素之间有着密切的联系,共同构成了文化的深层结构。而这些在跨文化交际研究中是不可忽视的内容。

人们对传播的定义也有很多,基于其共性,从跨文化传播的角度看,传播是处于各种关系、群体、组织和社会中的个人向环境,或相互之间发出信息和进行反馈,以便与之适应的过程。传播是动态的、连续的和不断变化的,也是符号化的,同时也是系统化的,它受到环境、时间、传播者数量和文化背景等因素的影响。

文化是人类互动行为发生的大环境,影响人类传播的最大系统就是文化本身。综合相关研究,可以从三个方面来看待文化与传播的关系。

第一,文化是世代相传的,传播使文化成为连续的过程。

第二,文化是传播的语境,没有文化的传播和没有传播的文化都是不存在的。一方面,传播产生于人类生存和发展的需要,深度卷入人们的日常生活之中,成为人类的主要生存方式;另一方面,文化不是"静态的"而是"动态的",文化从一产生就有向外扩张和传播的冲动,文化的传播与流变是文化生存和发展的必然需求。

第三,传播促进了文化的变迁和整合,是文化延续的整合机制。在学界的交际研究领域,甚至把文化和交际等同起来,认为交际即文化,文化即交际,这种近乎偏激的观点却道出了两者之间的内在统一关系。

## 三、影响跨文化传播的主要因素

在全球化进程不断加快的今天,国际交往频繁,跨文化交际不可避免,众多学者在观察和研究中发现,在跨文化语境中能与外国人进行无障碍交流的人甚少,绝大多数交际的有效性和适宜性受到多种因素的影响。这些因素可分为语言因素和非语言因素两大类,而其中又包含了文化因素、心理因素等。

(一)语言因素

1.语言符号

(1)语言体系

不同文化背景的人进行交际时,首先遇到的问题就是语言障碍,由于双方使用的交际语言符号系统不同,会自然形成编码和译码的差异和障碍。拿英汉两种语言体系来说,它们本身就分属于不同的语系。19 世纪,欧洲比较学派对语言进行了研究分类,将某些在语音、词汇、语法规则之间有对应关系和相似之处的语言归为一类,称为同族语言;将族与族之间有对应关系的又归在一起,称为同系语言。这就是语言间的谱系关系。现在,世界上有印欧语系、汉藏语系、阿尔泰语系、亚非语系、高加索语系等若干语系。英语和汉语分属印欧语系和汉藏语系,在语音、词汇、语法规则上相距甚远,因而在交流中比同语系或者同语族的语言存在更大的跨度,在语言学习和掌握上也就存在客观上的困难。

(2)语言要素的文化内涵

语言除了本身所具有的符号特征之外,还承载着文化的意义。语言是文化的载体,同时也是文化的组成部分。构成语言系统的语音、语法和词汇也有着文化内涵。

每个人语音的不同,除了由个体发音器官等客观条件决定之外,还与社会文化因素有关,如一个人的性别、年龄、职业、种族、教育背景、情感表达甚至价值观念等,都会对语音产生影响。词义可分成词汇的概念意义和内涵意义。词的概念意义是语言交际中表达的最基本意义;内涵意义是附加在概念意义上的意义,可能因人而异、因社会历史时期而异，也可能因不同的国家文化而异。例如，有时英汉两种语言中词汇概念意义相同，但内涵意义却不同或相反。比如红色在汉语中不仅表示颜色，还蕴含喜庆、吉祥、兴旺发达的意思，具有积极的象征意义；而英语中红色并不具有此内涵，在迎接客人时使用红色以表示尊重和欢迎，似乎包含了一些积极意义，但 red flags 则表示危险信号，需要引起警惕等。再如，"You are a lucky dog."（你这家伙真幸运），"Every dog has its day."（人人皆有得意日），等等。即使是同一概念在不同语言中使用的词汇也会不同。例如，汉语的红茶在英语中是 black tea 而不是 red tea（black 在汉语中是"黑色"的意思）；英语的 brown sugar 在汉语中是红糖而不是棕色糖。还有些情况是语言里并没有意义完全对等的词汇。例如，油条、麻婆豆腐等是中国特色食物，英语中只有采取解释或者音译的办法；西餐中的 salad、pudding、sandwich、hamburger 等也只好音译为沙拉、布丁、三明治、汉堡包。

不同的语言用不同的语法系统和规则来指导该语言的使用。这些语法系统规则一方面是为了适应语言使用而制定的、科学的、独立的理论框架，另一方面也受到该语言群体的思维和文化特点的影响，带有一定的文化成分。

2.非语言符号

人们在交际过程中除了使用语言工具，还使用其他手段来表达自己的意思或传递信息。一切用以传播的语言符号之外的符号都称作非语言符号，它可以包括身势、手势、眼神、表情、服饰、身体接触、身体距离和时空行为等。

在跨文化交际中，交际双方都应该了解对方非言语行为的使用习惯和含义，以避免交际误解。例如，在教学课堂上，许多西方国家的身体姿势会比较随意，甚至会坐在桌上，以营造轻松自由的气氛；而中国自古以来在尊师重教的思想影响下，大家普遍认为讲台是神圣的，教师在讲台上应该认真传道授业，师生关系较为正式。

手势在不同文化中也有不同含义。例如，在中国文化中，伸出手臂，手心向下，手指上下移动是招呼人过来，而在一些西方国家，这个手势恰恰是叫人走开，他们招呼人则是伸出手臂，手心向上，手指前后移动。

不同文化中眼神的使用也不同，英语交流中的规则是，讲话时一定要看着对方的眼睛，以表示关注和诚意，而这在包括中国在内的亚洲许多国家的文化中，讲话时直视对方的眼睛是不礼貌的表现。

在表情方面，通常认为，西方人交流中面部表情多，感情比较外露，而中国人被认为喜怒不形于色，比较内敛。

在服饰上，不同民族在不同场合也有不同要求，还常常带有一定的文化特征。还有，身体接触在某些发达国家是礼仪需要，如欧洲一些国家的拥抱贴面礼、接吻礼等，但这会让交流中的东方人难以适应。

在时间观念上，不同文化也有不同表现，大致分为两类：多时文化和单时文化。多时文化的特点是：时间被看作是循环的，同一时间可以同时处理几件事情；单时文化则将时间看作是线性的，一段时间内只做一件事。因此，对单时文化来说，计划、准时和期限意识很强。而多时文化对事件的态度和处理方式相对灵活，很多都是建立在具体的人或事的基础上，中国文化具备多时文化的特点。

## （二）文化深层因素

### 1.高语境与低语境文化

高语境文化交流中，很多信息并不是通过语言来传递，而是将信息蕴含在交际的情景中，认为不言自明。低语境文化中，语言传达了大多数信息，只有少量的信息包含在隐性的环境中。例如，亚洲人的交流方式常常比较隐晦、间接和含蓄，而西方人的交流方式则比较直接和坦率，也就是什么事都要说明白。中国属于高语境文化，美国属于低语境文化。高语境文化与低语境文化的冲突是影响跨文化交际的重要因素。

### 2.思维方式和交际风格

人们常说的思维方式是指思维的习惯或思维的程序，是以概念、判断、推理等形式反映客观世界的过程，它深刻地影响着人们的认知，也是指引人们行为的主导性文化要素。西方的思维模式以逻辑、分析、线性为特点，而东方则以直觉的整体性与和谐的辩证性为特点。西方文化具有较强的抽象性，而传统的中国文化具有较强的具象性。

不同文化在思维方式上的差异也会造成交际行为、交际风格的不同，必然也会给跨文化交际带来困难或冲突。

### 3.价值观

价值观是文化中最深层的一部分，它支配着人们的行动，是不同文化在实践中形成的相对稳定、包含情感和认知成分的观念集合。盛行于整个文化的价值观称为文化价值观，它引导着人们的感知和交流，对价值观的认识将有助于交流双方理解对方的行为。

个人主义文化强调的是自我和个人的成就，个人与群体、社会的关系较为松散，相互依赖程度弱；集体主义文化强调的是社区或群体的和谐，个人与群体、社会联系紧密，相互依赖程度高。中国文化是集体主义文化的代表，表现为群体取向和他人取向。在群体取向影响下，中国人提倡以社会、国家和集体利益为重，在必要时可以牺牲个人利益，在集体关系中也习惯忍让，避免锋芒毕露；在他人取向上表现为首先考虑别人的看法。无论是个人主义取向还是集体主义取向，都对塑造不同的民族性格起着决定性作用，都会在其各自的文化和交际行为中充分表现出来。

4. 成见

成见，或称为刻板印象，是又一个影响跨文化交际的重要因素。也许还没有和某个文化接触，但人们往往根据以往的经验或印象先入为主地看待这个文化群体。成见可能有正面的、也有负面的，但问题在于对文化个体区别的忽视，一旦对一文化群体的成见形成，就认为这个群体中的每个人都有相同的特点，往往造成与实际情况不符，形成偏见。而且，成见使得人们不能客观地观察另一种文化，失去应有的敏感度，导致在交际中预判不准确或交际无法顺利进行。

5. 民族中心主义

民族中心主义是认知心理学的术语。它是指人们在交流中潜意识地以自己民族的文化为参照，以自己的文化标准来判断他人的言行，认为那些不同于自己文化习俗的行为都是不好的。民族中心主义思想是人的本质，人人都有民族中心主义的倾向，其作用具有两面性：一方面，它在一定程度上能促进民族团结和社会进步；另一方面，它又构成跨文化交际的一大障碍，因为它将一个文化群体的人聚集到一起，而排斥另一个文化群体的人，这显然不利于文化交流。另外，民族中心主义崇尚自己的价值观和信仰，蔑视其他价值观和信仰。民族中心主义会导致不信任、冲突甚至敌意，从而影响跨文化交际的顺利进行。所以，跨文化外语教学的任务之一就是帮助人们认识民族中心主义思想的存在和负面影响，培养民族相对论思想。对不同的价值观念、文化习俗和言语行为应持理解和宽容的态度，并能够根据不同的交际对象和场合，调整自己的行为和判断标准。文化之间只有相同和不同之说，无优劣之分，不能对不同文化进行好坏优劣的评判，这也是在跨文化交流中应有的态度。

# 第二节 跨文化传播与大学英语教学的关系

## 一、大学英语教学对跨文化传播的重要性

我们谈到文化与传播之间的关系，而语言与文化之间同样有着紧密的联系。首先，语言和文化具有很多相同点。它们都是一个民族或群体区别于其他民族或群体的标志，是社会的重要组成部分。它们在通过社会交际进行后天的习得过程中是同时进行的，而且往往交织在一起，联系紧密。由于语言的产生和发展，人类的文化才得以产生和传承，不存在没有语言的文化，也不存在没有文化的语言。同时，语言是一个符号系统，是反映和传播文化的主要途径，也是文化的重要组成部分。广义的文化包括语言。它帮助人们将认识和自然、文化、环境联系起来，并组织、协调人们的社会活动。再者，文化无时无刻不在影响着语言，它是语言形成和发展的原动力。

语言既是文化的载体，又是文化的写照。从群体来看，文化是语言反映的内容，从个体来看，文化因素决定语言的具体使用。而实际上，这一切的进行也离不开传播。文化—语言—传播组成一个庞大的人类活动系统。语言是一种主要的传播模式，文化构成传播的环境。语言的传播环境也可以称为语境，既包括客观环境，也包括社会文化环境，这些不仅影响着语言的使用，对传播效果也产生影响。前文中关于高语境文化和低语境文化的论述，充分说明了环境对语言和传播交际行为的作用。从这个角度来说，也是文化在影响着语言和传播交际。而反过来，传播交际推动着语言和文化的发展。人们是通过传播交际活动习得语言和文化的，也正是传播交际活动使得文化能够通过语言为人们所共享，成为文化纽带。

综上所述，文化、语言和传播交际之间的关系是：传播是一个动态的、以语言和非语言为途径、以文化为环境的信息传递过程。它依赖于语言和文化，又同时促进语言和文化的习得和交流。因而，大学英语教学作为语言教学，其对跨文化传播的重要性不言而喻。

## 二、跨文化传播是大学英语教学的内在要求

《大学英语课程教学要求》对大学英语教学的性质的论述已清楚地阐明了其内在要求。大学英语教学本身就是外国语言的教学，而因为语言和文化的密切联系，英语语言必然承载着与之相联系的英语文化，从这个意义上说，大学英语教学不可能也一定不能剥离英语语言与文化的教学，而且应该是跨文化的教学。同时，大学英语教学的最终目标是培养学生的跨文化交际能力，使他们在今后的学习、工作和社会交往中能用英语有效地进行交际，适应我国社会发展和国际交流的需要，而这也是跨文化传播的需要。跨文化传播研究成果对外语教育产生了巨大的影响。跨文化交际学揭示了语言、文化和交际之间关系。众多教学专家认为，语言教学离不开文化因素，外语交际就是跨文化交际，因此外语教学具有文化教学和培养跨文化交际能力的巨大潜力。

# 第三节　大学英语教学中的跨文化教学

## 一、大学英语教学中的跨文化教学现状

受传统教学法、大学扩招等种种因素的影响，目前我国的大学英语课堂教学主要还是以传授语言知识、培养语言技能为主，文化教学不受重视导致了语言教学和文化教学的分离。学生的社会文化能力偏低，"有知识没文化"的现象普遍存在。具体分析起来，原因很多，但是不可否认，教师跨文化教学意识和能力有待提高、学生跨文化交流意识薄弱、急功近利的应试教学思想、教学大纲缺乏明细化、课程设计和教材编写存在瑕疵都是目前我国大学英语教学中跨文化教学客观存在的问题。

（一）大学英语教师跨文化教学意识不足

1.忽略语言交际的作用

胡文仲教授划分的大学英语教学目标的三个层次，客观、全面地勾勒出了大学英语教学的基本目标和价值追求。在实现这个目标的过程中教师起到了关键的作用。教师虽然处于课程设计的终端，但是作为课程教学的操作者，是完成课程目标的最终决定者。英语教师必须明确的一个教学理念就是，外语教学是为了使学生能够更好地认识和理解目的语民族的文化，培养学生的跨文化意识与能力。但是，我国传统的外语教学并没有将语言学习同交际联系起来，只注重学生语言能力的培养，没有给予语言交际应有的关注与重视，更没有很好地引导学生对母语文化和目的语文化之间存在的差异性进行必要的理解与认识。根据交际能力的相关理论来看，我们需要对语言能力与交际能力这两个不同的概念有清晰的认识。交际能力和一个人的语言能力是完全不同的两种能力。一个人拥有了语言能力，并不等于这个人就拥有了交际能力。一个人拥有了语言知识，也不能够等同于他拥有了语言的运用能力。教师进行外语教学，其目的并不仅仅是传授与目的语相关的知识和技能，更多的是使学生能够在掌握目的语的基础上，顺畅地和目的语民族的人沟通、交流。也就是说，学生学习外语知识与技能，最终是为了能够更好地应用外语知识与技能。

因此在这一语言学习的过程中，英语教师作为学生学习语言的主要指导者、引导者，起着帮助学生在目的语文化与母语文化之间建立桥梁和纽带的作用。但在具体的外语教学实践当中，还有一部分英语教师自身的跨文化意识非常淡薄。在教学过程中，他们仍然认为应该以英语知识与技能传授作为课堂教学的主要内容。这样，就必然导致他们对文化因素的轻视，而只注重传授学生英语知识与技能。在学生学习英语的过程中，他们只注重学生是否能够正确、流畅地应用英语知识和技能，而忽略了将英语知识与技能同现实的语言应用情境相联系，从而培养学生对英语的综合应用能力。

此外，英语教师不仅是英语知识的传授者，还是文化的传播者，肩负着将本民族文化向世界传播的使命。因此，这就需要英语教师自身也必须具备一定的文化素养，要对母语文化与目的语文化都有一定的认识，从而在教学的过程中使目的语文化知识同母语文化知识达到平衡，潜移默化地培养学生正确的跨文化交际观念与意识。若是教师自身都不具备上述的能力与意识，那么就无法很好地引导学生深入地理解目的语文化知识，从更为深层的层面理解目的语结构背后的文化内涵，学生对于不同民族文化之间存在的差异性，也无法正确理解。

为了能够更好地培养学生的跨文化交际能力，在我国当前的外语教学过程中，教师必须通过对中西方文化之间的比较、参考、融通等多种方式，使学生能够真切地了解并且掌握不同民族之间存在的文化差异性与共同性，从而使学生具备较高的理解能力与认识能力。要知道，英语教师基本的职责之一就是引导学生了解目的语的文化背景。在教学过程中，教师除了传授给学生必要的语言知识与技能，还必须承担起培养学生跨文化交际能力的责任。教师在进行教学的过程中，只有很好地扮演了这一角色，才能够使自己的语言教学获得成功。成功的语言教学，不是能帮助学生掌握多少目的语的知识与技能，而是能对学生的语言综合应用能力的培养与提升，跨文化交际能力与意识的培养与提升有所帮助。这就要求当前的大学英语教师要具备不断更新自己教学观念的意识，在英语教学的实践过程中不断地积累跨文化交际的相关知识与能力，首先要具有正确的跨文化意识，并且有意识地去提升自身的跨文化知识与技能，从而使自身的跨文化素质在教学实践当中不断得以提高。

**2.忽视母语文化的渗透**

随着外语教学改革的不断深化，在外语教学当中融入文化教学已经受到了我国外语教学界的重视。无论是外语学界的理论研究，还是外语教学界的教学实践研究，对于外语教学中的文化教学，都在有意识地给予关注。但是，伴随着人们对文化教学的关注与重视，外语教学却出现了新的问题，那就是在外语教学过程中，教师给予了目的语文化过分的重视与关注，而忽略了在外语教学中有效地融入母语文化，缺乏对母语文化的认识与理解，从而导致学生不能很好地运用目的语对母语文化进行必要的表达。

我国外语教学界这一问题的出现极为充分地表明，我国的外语文化教学存在着问题。英语教师并不能够对母语文化在跨文化交际中的重要意义给予正确的理解与认识，不能够进行正确的判断，缺乏面对异域民族文化应有的批判意识，不能够深入地认识不同民族之间存在的文化差异性与共同性。由此可见，英语教师普遍地缺乏较为深厚的两种语言文化的应用能力。教师文化素养的不足，直接导致的结果就是学生文化素养的缺失。一方面，这必然会影响到学生对于异域民族文化的认识与判断，面对着繁杂的世界文化宝库，不能够正确判断该对哪些优秀的文化进行正确的借鉴和吸收；另一方面，则会导致学生因为自身不能正确认识母语文化，而无法在跨文化交际中传播与弘扬优秀的母语文化。教师要明白，无论是对于母语文化还是对于目的语文化，忽视任何一方，对于学生跨文化交际能力的培养来说，都是相当不利的。

纵观当前我国整个外语教学界,教师对于母语文化的忽略,是一个不容置疑的事实。大部分教师只是关注甚至是一味地强调对目的语文化的传授,却很少有教师对母语文化给予相应的关注。特别是随着跨文化交际的快速发展,英语教学在我国教学中占据着重要位置,这让英美民族的文化在我国得以广泛传播。相对于此,母语文化在英语教学中的地位却呈现出较弱的发展态势。最为鲜明的例子就是在跨文化交际中,很多具备英语表达能力的青年学者竟然表现出对于中国传统文化的误解,在同西方人进行跨文化交际时,因为缺乏一定的中国传统文化素养而不能够对中国文化元素进行很好的表达。

也有一些博士生,具有一定的英文表达的基础与能力,对于中国文化,也具备相当的素养与底蕴,可是当他们进入到真实的跨文化交际情境中时,却无法用英语流畅地表达那些平时在汉语交流中能顺畅表达的中国文化元素。这就是我们所说的"文化失语"现象。如南开大学从丛教授所说的那样,"中国文化失语"是我国英语教学的缺陷。因为在正确的跨文化交际过程当中,绝对不可能只是单方面地对交际对象文化的理解与认识,交际是一个双向的交流过程,这就有一个关于文化共享以及文化影响作用方面的问题。甚至可以说,在某些情况下,文化共享与文化影响力对于跨文化交际来说具有重要的意义。

在过去传统的英语教学中,由于缺乏目的语文化教学而导致学生在跨文化交际过程当中产生交际障碍与交流失误,那么在现在的英语教学中,母语文化教学近乎处于空白的状态,这在跨文化交际过程中产生的负面作用可想而知。这样就需要教师在大学英语教学过程中,传授目的语的文化与传授母语的文化并重,在注重对学生英语民族文化知识的传授与文化素养的培养的同时,也不能够忽略对学生关于中国文化元素的英文表达能力的训练与培养。只有如此,才能够更好地培养学生所应具备的文化差异敏感性、宽容性、包容性以及解决跨文化交际问题的灵活性。

3.缺乏必要的跨文化知识

纵观当前我国的大学英语教师队伍,基本都是在传统英语教学体系中成长起来的一代人,他们普遍缺乏必要的跨文化意识与跨文化教学的能力,自身的知识体系中根本就不具备跨文化交际相关方面的知识,对于跨文化交际也缺少必要的、较为专业性的理解和认识。这就必然会导致他们在英语教学过程中缺乏对学生跨文化交际能力培养的意识,而在传统教学观念意识的作用下,他们无意识地就会去关注语言知识与技能的传授。他们基本都缺少判断、甄别目的语文化的能力,缺乏关于目的语文化必要的洞察能力,甚至也不能很好地甄别与扬弃母语文化中的一些优秀传统与糟粕。甚至有一些教师,面对全球一体化发展的态势,并没有明显的、强烈的国际意识,面对着纷繁的国际文化交流局势,缺乏自身明晰的判断鉴赏能力,对于不同民族之间存在的文化差异性,根本不具备一定的分析鉴别能力。涂东琼教授对于江西高校问卷调查的结果显示,有50%以上的大学英语教师,对于目的语文化以及母语文化的认识都缺乏深度,甚至有个别的大学英语教师,竟然从未阅读过英文的报纸杂志,从不听英语新闻。仅有一半数量的大学英语教师会关注最新的英文报纸刊物,并进行阅读,对全球性的新闻动态进行必要的了解。能够坚持对最新的英文报纸刊物以及国际新闻动态等给予及时关注的教师,只占很少的一部分。

由此可见,大学英语教师的文化素养亟须增强。只有教师自身的文化素养得到有效的提升,他们才能够在大学英语教学过程中更好地实施跨文化交际教学。这就要求大学英语教师要有意识地注重培养、提升自我对于目的语文化和母语文化的修养,从更为开阔的视野比较与认识母语文化和目的语文化,从更为深刻的层面来理解不同民族文化的差异性。教师只有做到了这些,才能够更好地培养学生的英语跨文化交际能力与综合应用能力。

### (二)学生跨文化交际能力薄弱

很长一段时间以来,我国的外语教学都缺少学生学习目的语文化的环境与氛围。教师只注重向学生进行相关的语言知识与技能的灌输,而忽略了对其应用能力的培养。而且,因为受传统教学方式的影响,一直以来,在外语教学过程中,教师最经常采用的教学方式也是以学生对于英语知识点的背诵为主。对于大学生来说,学习英语的目的就是能够顺利地通过英语四、六级考试,或是规避因为英语成绩不及格而影响拿大学毕业证的风险。

从全国的外语教学条件来看,对外语教学的投入、教学发展的整个形势和学生数量的增加,很明显地存在着不平衡的现象。而且,就当前大学英语教学的整个形势来看,对外语教学的投入力度明显无法跟上社会经济发展的速度,也无法满足时代对大学生的需求。除此以外,相对于不断增长的学生人数来说,大学英语教师的人数就显得有些不足,而且教师的英语素质也有待于进一步地提升。对于学生来说,因为受英语四、六级考试或英语专业考试的影响,他们大多将更多的精力投在了英语考试的知识点与书本知识的学习上,而很少关注如何培养自己对这些知识的应用能力。对于学习英语知识的实践性环境来说，不管是学校，还是整个社会、家庭，基本上都无法提供学生所需要的实践性环境来供他们进行英语知识的实践与应用。即使是那些具有较强的英语表达能力的学生，其自身所具备的跨文化交际的能力与了解的相关跨文化交际知识，也是相当薄弱的。这一问题，当他们的语言知识与技能达到一定的水准之后，其在文化方面存在的知识欠缺性就会极为明显地表现出来，成为他们在跨文化交际中的障碍。

举例来说，学生在跨文化交际中因为对交际策略和礼貌原则的了解较少而发生误会，是时有发生的事情。在具体的跨文化交际过程中，语言的失误是很容易得到交际对象的谅解的，而语用的失误，则很容易造成冲突。一个能够讲一口流利外语的人，却不知道如何得体运用语言的相关知识，这是很难得到交际对象理解的，跨文化交际中很多的失误与摩擦就是这样发生的。语言学家沃尔夫勒姆（S. Wolfram）曾经说过，在与外国人交流时，语用失误往往比语法错误更糟糕，因为以英语为母语的人能够容忍发音、句法方面的错误，但是由于没有意识到社会语言的相对性，他们认为违反英语语用规则是极其不礼貌的。对于一个能够流利地讲一口外语的人来说，在其背后其实隐藏着一种文化的假象，那就是很容易就被人误会他已经很充分地掌握了这种语言的背景文化以及价值观念等方面的知识。因此，交际者在跨文化交际过程中出现的语用失误，往往会被交际对象认为是故意的行为。这样，发生误会或冲突的可能性就增加了。

当前大学生在学习英语跨文化交际知识时，存在的极为普遍的一个问题就是母语文化知识的不足，缺乏母语文化素养的培养，没有能够掌握较为系统的母语文化知识。现在的我们正置身于一个构建民族先进文化体系的崭新时代，对于新的人文精神有着极为热切的渴望，而母语人文素养是学生自身修养的一个基本层面。这对学生的价值观、世界观的形成与培养有着较为直接的影响作用。在这个多元文化的时代，面对着纷繁复杂的世界各民族文化，西方的先进科技以及一些国家的时尚元素，都在有意或者无意地影响着我国学生的世界观、人生观和价值观的形成。因此，在学生当中，特别是在当代的大学生当中，倡导弘扬中华优秀传统文化，增强学生学习民族文化的自觉性，是我国优秀的民族文化得以发扬光大的重要途径。

此外，在外语的跨文化交际学习过程中，学生需要以母语文化作为学习的参照和对比，而较高的母语文化素养与母语知识能力，必然会在跨文化交际的学习过程中起到正迁移的作用，为其跨文化交际能力以及综合素质的提升，起到促进作用。因此，就当前我国以及全球的发展形势来看，英语教师急需培养学生的跨文化能力，通过跨文化教学，使学生形成平等、宽容、包容和开放的文化心态，帮助学生形成较为成熟的跨文化心理与跨文化意识，在此基础上使学生具备较强的跨文化交际能力。

### （三）跨文化教学受传统教育思想的影响

学生对大学英语四、六级考试或英语专业考试过分重视，使得大学英语的学习被赋予了太多语言、文化之外的功利性的目的，学生的学习行为具有明显的符号化、功利化。随着各种考试纷至沓来，分数与证书取代了语言文化本身的意义。学生疲于应对各种定量化、标准化的英语考试，语言技能机械化训练充斥着大学英语课堂，原有的水平测试让位于学位考试，英语学习具有浓厚的功利取向。当大学英语四、六级考试的通过率被作为评估各个高校教学水平的一个重要标准时，高校牺牲文化教学来提高学生英语四、六级通过率就不足为怪了。大学英语的等级考试是一种主要侧重于学生的听、说、读、写、译能力的综合测试，是以语言技能的测试为目的的。事实证明，语言技能的训练是非常必要的，但仅仅掌握语言技能的学生是跟不上时代潮流的。许多怀揣着英语等级证书的学生却在实际的跨文化交际中表现得手足无措，这应当引起人们对大学英语教学的思考。

在英语教学中，文化的教学和语言技能的培养其实并不矛盾，它们应该是互相补充、互相促进的。脱离了文化的语言学习只能是流于技术层面的空洞的语言操练，而离开了语言知识和技能学习的文化教学，必将成为镜中花、水中月。

### （四）跨文化课程设计和教材存在瑕疵

由于教学大纲缺乏明确系统的跨文化条目，所以教材课文和习题中的纯语言知识"一统天下"。虽然目前高校采用的一些教材也重视文化因素，教学内容也都一般围绕一个特定的文化主题来开展听、说、读、写、译的语言技能训练，让学生在强化语言技能的同时领略西方的风土人情。但是教材中大量的语言技能主要是涉及知识文化或是微观层面的语言能力，而不是宏观上的社会文化能力。在有限的课堂学时内师生们为了完成繁重的语言学习任务，往往不得不牺牲掉文化教学，这样一来，就使提高学生的社会文化交际能力无从谈起。因此文化教学也成为一纸空谈，处于名存实亡的地位。

直到现在，我国大学英语的教材中依然没有专门针对跨文化教学的内容。就连与此相关的参考资料也是少之又少。有关跨文化教学的音像资料也不多，即使有一些，也是不成体系的，而在英语学习的必备工具书以及参考资料上，很少能够查找到关于大学英语跨文化教学的内容及相关的阐释。在现有的大学英语教材内容选择上,也很少有关于中国优秀传统民族文化的内容,这对中华优秀传统文化的传播是极为不利的。而且,对学生文化鉴别能力的培养、文化水平的提高等,都是很不利的。

纵观当前我国大学英语教学所用的教材,具体来说,在跨文化教学方面存在的不足之处有以下几点。

1.教材存在内容偏狭、过时的问题

在当前我国大学英语教学所用的教材中,有关跨文化教学的内容基本都是浅尝辄止的文化背景介绍,根本就没有进行立足于跨文化教学视野的设计与阐释,有关的跨文化教学的相关知识内容,基本都是一带而过,根本就没有进行较为详细的描述。而且,很多教材中所选课文中的文化内容存在着偏狭、过时的问题。就现在各大高校所选用的英语教材而言,课文中关于文化的内容多局限于日常生活,而关于目的语民族中存在的一些有争论的社会文化问题,基本没有任何涉及。当然,教材的这种从正面思想进行选择教学的理念具有一定的道理,但是相对于学生综合素质的培养来说,是很不利于学生建构对于目的语文化的深入理解、认识和判断的思想体系的。不注重引导学生对于目的语民族存在的一些问题以及社会的真实面目进行认识,在学习的过程中不注重引导学生关于社会文化现象进行自我思考与鉴别,这是一个对学习机会的极大浪费。其实,一个人关于跨文化意识与思想的体系,在很大程度上都是在对跨文化交际中存在争议性的问题的思考与判断中逐渐建立起来并得以提升的。

2.缺乏中国本土的母语文化

在当前我国大学英语教材中,即使存在着一定内容的文化知识,也基本都是关于英美民族文化的内容,而关于中国本土的母语文化少之又少。中国文化是陆地文化,强调"天人合一"的整体和谐,我们崇尚集体主义,思维形象属螺旋形。西方文化是海洋文化,强调"天人分离",西方人崇尚自由主义,思维形象属直线形。这些都是学生在学习大学英语时应该熟悉的中西方文化的基本差异。此外,教材的编写应适当地增加汉语文化知识,这对学生了解英语文化和汉语文化有直接的推动作用,能使学生的汉语文化水平和英语文化水平同步提高。

大学英语跨文化教学的障碍不是来自学生对英语文化的不了解,而是来自学生对英汉两种文化之间差异的不了解。大学英语教学需要比较中西文化的不同,关注中西文化的联系,克服跨文化的障碍。我国当前的大学英语教材中存在着一种以灌输英美文化为文化教学目的的错误思想。事实上,大学英语教材中这种错误的文化导入思想,同我们对于跨文化交际人才的培养目标以及英语教学大纲中关于跨文化交际的规定不相符。因此，相关人员编写教材时应当中西方文化并举，适当增加汉语的文化知识，这对学生了解目的语文化和母语文化具有直接的推动作用，使学生的母语文化水平和目的语文化水平同步提高。

## 二、大学英语教学中跨文化教学的目标

### （一）跨文化教学的理想目标

教学是最好的培养人类社会实践性的方法与手段。跨文化教学则是对不同语言群体的社会实践性进行培养的方法与手段。而面对着国际化教学发展的新趋势，跨文化教学培养人才的最佳目标就是能够引导学生解决因为民族文化的差异性而产生的误会、矛盾和冲突，扫除不同文化群体之间存在的壁垒，尊重文化差异性；使学生尊重不同种族之间存在的、因为成长的文化背景不同而导致的不同的生命个体的差异，并且以此更好地实现人权观念；使学生能够更为深入地理解和认识不同的群体都拥有着平等的利益分配权，每一个生命个体都有选择自己所喜欢的生活方式的权利。

### （二）跨文化教学的培养目标

大学英语跨文化教学的培养目标有多个，具体如下。

第一，培养学生一定的跨文化意识，是大学英语跨文化教学的一个培养目标。学生通过对英语的学习，能够对异族文化有着更好的认识与理解，从而从多个方面、较为深入的层面培养文化理解能力，在对不同文化进行对比的过程中提升自我的文化分析和鉴别能力，以此为提高跨文化交际能力、解决处理跨文化交际实践中的问题做好理论准备。我国教育部最新修订的有关大学英语教学的文件中对于大学英语教学的教学目标有着极为清楚的规定，那就是大学英语教学在重视培养学生语言能力的同时也要重视培养学生的语用能力、跨文化交际能力和社会文化能力。对于跨文化教学的强调与重视，无论是在大学高等教学的专门的专业性学习中，还是在大学英语的公共课教学中，都有着相关的规定。因此，在大学英语教学过程中突出强调对于学生跨文化交际能力的培养以及对其文化素养的有效提升，是时代发展与社会进步对受教育者提出的客观要求。我国

的各大高校要有效地整合各种文件中提出的教学目标，并结合大学英语教学实践，从理论到实践来提升学生跨文化交际能力的现实效果作出自己应有的努力。

第二，大学英语跨文化教学的培养目标就是对大学生面向社会更进一步深入学习英语以及目的语民族文化能力的培养。任何一种语言的学习，都是一个循序渐进、不断深入的过程，无论是对英语的学习，还是对英语民族文化的学习，都需要学生在不断的学习过程中逐步感受和领悟，这是一个没有终点、持久学习的过程。学生只有自己积极主动地进行不断的学习，才能够跟上时代、社会发展的步伐，从而有效地提升自我适应时代与社会的能力。

第三，大学英语跨文化教学的培养目标还包括对于学生文化理解能力与文化背景知识能力的培养。学生在学习英语的过程中，必然会遇到一些蕴含英语民族社会文化背景知识的词语及典故，要对这些词语进行充分的利用，学生就要透过词语去认识深藏在语言背后的文化意义。

第四，对于学生的跨文化交际能力的培养，也是大学英语跨文化教学的培养目标之一。所谓跨文化交际能力，也就是与异民族交往的行为能力，尤其是在跨文化交往中避免和消除跨文化冲突的能力。我们都知道，这是一个竞争激烈的时代，大学生面对的是世界性的竞争。特别是伴随着我国综合国力的提升，和不同国家与民族之间交际的频繁发生，跨文化交际能力已经成为一个人面对时代发展大势所应具备的竞争能力之一。在当今社会，一个人具有较强的交际能力就显得尤为重要。

第五，培养学生面对外来文化所应持有的客观、公正、包容的态度，也是大学英语跨文化教学的培养目标之一。在大学英语跨文化交际教学的过程中，教师应尽量为学生创建跨文化交际的实践性情境，引导学生在较为真实的跨文化情境中感受异族文化，认识目的语文化，并且能够较为充分地掌握语言与文化的运用，在此基础上做出自己的判断，进行分析鉴别，能够区别其中的精华与糟粕，取对方之长，补己之短。这对于学生了解跨文化交际发展的国际态势，具有十分重要的现实性意义。

第六，对于获取异族文化信息能力的培养，也是大学英语跨文化教学的培养目标之一。随着互联网等各种高新技术的发展，获取各种信息的渠道极为丰富。除了传统的报纸、刊物、书籍等纸质媒介，手机、电脑等工具也为学生学习英语以及了解英语民族的文化提供了极大的便利。这就对学生获取信息的能力提出了新的要求，即学生要具备一定的文化自我判断和鉴别能力以及从不同途径获取信息的操作能力。

## 三、大学英语教学中跨文化教学的途径

在当今国际交往中，国际合作和交流已经深入到政治、经济和文化的各个领域，任何国家既有输入，也有输出。英语教学既要培养学生的国际意识和对异族文化的理解能力，也要注重培养学生的本土意识，使学生既成为外来文化的接受者，又是本土文化的继承者和传播者。英语教学中要强化本土文化的教育，努力培养学生本土文化的意识。学生只有对本国优秀的传统文化有了充分的认识并不断提高自身的文化素养，才能更好地理解他国文化，从而进一步拓展自己的跨文化心理空间，对文化等多元性展现出一种大度、兼容并蓄的态度。大学英语跨文化教学的实施，具体可以从以下几个方面入手。

### （一）明确教学目标

我国大学英语的教学目标主要是培养学生的英语综合应用能力，特别是听、说能力，使他们在今后的学习、工作和社会交往中能用英语有效地进行交际，同时增强其自主学习能力，提高综合文化素养，以适应我国社会发展和国际交流的需要。新的教学目标变传授知识为发展能力，体现了当代教育变革的发展趋势，更有利于学生的知识、素质、能力三者的结合。新教学目标的定位既考虑到了国家对外改革开放的需要，也满足了跨文化教育的目标，即培养学生对外国文化习俗的兴趣，对文化差异的意识，增强其对文化差异的理解和认识，初步形成跨文化意识，用尊重与包容的态度对待异族文化。增强跨文化意识将有利于促进学生学习英语的主动性和积极性，有利于激发学生了解世界、融入世界的冲动和欲望，这种热情必然能增强学生对英语学习的兴趣，提高他们的学习效率。也正因为这样，教师要有增强世界文化意识的强烈愿望，主动了解中外文化的差异，拓宽视野，使自己的英语教学充满文化韵味。

英语教学中跨文化教育的目标除了体现在跨文化意识的培养方面，还体现在跨文化知识的获得和能力的提高。跨文化教育对教师业务水平和综合素质的要求较高，教师要与时俱进，更新教育观念，提高自身的文化素质，使自己成为教学者和研究者，做到教学与研究并重。

### （二）树立正确的教学理念

在外语教学中进行跨文化教育首先应注重观念更新和认识提升。目前，跨文化教育

的相关思想在我国外语界仍是比较前沿的理念,国家教育行政部门作为教育相关政策的制定机构对跨文化教育的理解和解读将直接影响到我国跨文化教育开展的效果。

由此,教育行政部门的专家和领导应该借鉴、比较欧美国家的跨文化经验,从战略高度审视跨文化教育所具有的时代意义,明确其目标和内涵,确定符合我国国情的跨文化教育目标、原则和方法,为外语教学提供依据,明确外语教学的方向。

在跨文化教学中,教师首先要更新自身的教育理念,要始终坚持"语言教学与文化教学的有机结合",从语言学习、语言意识、文化意识和文化经历相互联系的四个方面同时入手,充分发挥母语文化在跨文化学习中的作用。其次,教师不能仅满足于做一个传授语言知识的"教书匠",还应该努力成为一名学者型教师。我国著名学者吴宓、钱锺书、叶公超等人之所以受人敬仰,不仅仅因为他们的外语水平高超,更重要的是他们学贯中西,人格俊逸,文、史、哲无一不通。除教师教学理念的更新,自身素质的提高外,外语教学中文化教学的理论框架作为重要的课题必须进一步明确。

近年来,体验式英语教学作为一种全新的教学理念和教学模式越来越受到英语教学研究者的关注。基于体验式学习理论的体验式教学模式,要求教师根据教学内容有目的地创设生动逼真的教学情境,使学生在较为真实的环境中有效掌握所学内容,使其理论知识、应用知识得以扩展,技能、技巧得到提高。通过直接接触学习内容,学生能够亲自实践和体验,这有利于培养学生的实践创新能力。

体验式教学模式的核心就是体验直接经验。建构主义理论是体验式英语教学理论的发展基础。建构主义把学习看作一个建构的过程,该理论要求学习者在学习中要积极主动,发挥主体作用。建构主义强调学习者的中心地位,教师在整个教学过程中应该是学生意义建构的协助者、促进者,而不是知识的提供者和灌输者。建构主义从教学方法看多种多样,各有不同,但教学环节中含有情境创设和协作学习却是其共性所在,学习者不是简单被动地接收信息,而是基于情境创设和协作,最终主动地实现自身对所学知识的意义建构。

与以往以教师为主导的知识传授式教学模式相比,体验式教学模式更加突出强调以学习者为中心,认为自主学习十分重要,它更贴近学习者内化的学习认知规律。真实语境的创设和模拟能够激发学生的学习积极性和参与体验的热情,使学生在真实的感受和体验中,发现语言的应用技巧和使用规则,并将其应用于语言实践。这一理念反映了当代外语教学理论的新进展,既符合以往交际教学法的原则,又体现了任务教学法的特点。除此之外,体验式教学不受时空限制,多媒体、网络教学资源为体验式学习创造了更丰富的体验。利用多媒体和网络，体验式教学增加了学生学习过程中的趣味性，学生的感官和思维受到刺激和激发，能使学生积极、主动、快乐学习，掌握语言文化知识。

文化不是一成不变的，其不是一个静止的概念。文化是动态的，是随着社会的变迁而变迁的。以往发生的事情会影响语言表达的意义，语言的意义也会对未来事件产生影响，未来的经历又会影响到具体的语言意义，这是一个周而复始的过程。在社会发展的同时，世界各民族的思维方式、价值观念、生活方式、社会规范等各个方面也都在发生着重大变化。因此，在外语教学过程中，教学的中心不应是以教师为中心的知识灌输，而应以学生为主体，加强学生的文化学习体验，培养学生自主学习、积累文化知识的能力，注重培养学生的文化敏感性，提高学生应对文化差异的主动性和自觉性。

因此，相关人员要确保跨文化教学的理论研究形成体系，以全新的教学理念、清晰的教学思路促进课堂内外的跨文化教学；要在各个方面采取措施，加深教师对外语教学中跨文化教学的认识，使其更好地投入到跨文化教学中。

### （三）提高教师自身的素养

教师要想在英语教学中开展跨文化教育，发挥主导作用，使学生的能力得以发展和提高，教师本身必须具备较丰富的专业知识和较高的专业技能。英语教师必须具备英语语音、词汇、语义、语用方面的知识，同时必须具备较高的外语听、说、读、写的技能。要做到这一点，一要有强烈的学习意识，二要坚持不懈。另外，英语教师应该充分利用身处高校这一有利条件，选择适当的专业，采取跟班旁听或攻读第二学位的方法来充实和完善自己的知识结构，把自己培养成一专多能的复合型人才，以适应社会需要。按照加强跨文化教育的要求，英语教师要有较强的文化意识，还要更多地注重源语文化背景知识和相关知识，使文化教学贯穿于长期的教学活动中，使学生了解中外文化的差异，拓宽视野。

教师作为跨文化教育的主导者，首先要更新自己的教育理念。外语教学要培养的不仅仅是具有特定文化知识的学习者，更应当是具有跨文化能力的外语人才。外语教学传授给学生的不仅仅是语言，还有世界观。由于语言必然要涉及语言使用者关于世界的感知与认识，只要是教语言，就不可避免地是在教该种语言本族语使用者的文化。归根结底，外语教学的重要目的不仅仅是使学生习得外族文化，还要发展学生表达自己的观点及文化的交际能力。英语教师应该认识到跨文化教育是一种理念，不同文化各有特点,无所谓优劣;不同文化可以互补,贵在善于吸收和扬弃。英语教师要积累深厚的跨文化知识,形成较强的跨文化意识,提高跨文化理解的技巧,使跨文化教育的理念得到内化和深化。跨文化意识的培养要求教师提高自身的英文和中文文化修养,对文化差异正确理解以及形成尊重不同文化的态度。同时能对本国文化和其他国家的文化进行比较和鉴别。

教师要具备批判性、创造性思维。就我国的外语教学现状而言,现有的跨文化教育和跨文化交际能力模式都有一定的局限。高一虹教授认为,要在"素质教育"的框架内进行文化教学,说明交际能力的培养在本质上就是人格的培养和人性的实现,即把语言教学和对人的全面教育直接联系起来。学习外语不仅仅是掌握一种工具,更不仅仅是学习一种技巧,而是转换一种思维方式和习惯。所以,英语教师首先要明确英语教学教授的不是英语的躯壳,而应该是英语的灵魂。从语言技能教学转向内容教学才是我国英语教学和跨文化教育的根本出路。思维才是语言学习的真正动力和自然机制。要培养学生英语创造性思维,教师首先要改变格式化的思维定式,要有一定的批判意识,能识别各种文化观,并在跨文化教育实践中不断对自己进行批判性反思,从而形成自己的客观的文化意识,能够在保持自身文化价值的基础上实现不同文化间的对话与合作。

教师还要不断加强自身的母语文化修养,改进跨文化教学策略。教师应对自己民族的文化有深刻的了解,夯实民族本土文化的功底,同时要学习、研究目的语文化,具备双重文化的理解能力。在外语教学中,教师切不可一味地关注目的语文化的教学,忽视母语文化的教学,否则就等于丧失了理解目的语文化的基础。事实上,目的语及其文化传递的信息必须首先经由母语文化的"过滤"。只有通过与母语文化的比较,才能发现两种文化的共性与差异。同时,教师还应该以海纳百川的博大胸怀认真学习和及时吸收来自其他国家和民族的文化中的营养,加深对其他国家和民族文化的理解,从而以多元文化的身份观察和研究多样性的文化,能够在不同文化的对比中发现各自的个性特征和优势,提高自己的跨文化交际能力。

## (四)科学选择教材

教师在选择教材时,既要考虑提高学生跨文化交际能力所涉及的各个方面,又要注意设计形式多样的练习,对学生在复杂的跨文化语境中进行交际所需要的各种技能加以训练。例如,从跨文化知识的导入着手,解释语言表达中的文化内涵,扩大与文化有关的知识面;通过案例分析与点评,提高学生的全球意识与跨文化敏感度;通过情景模拟、角色扮演等让学生接触各种跨文化语境中的跨文化冲突,以培养学生观察与分析跨文化问题的能力;最后培养学生观察跨文化生活或工作环境中的文化问题的能力,如各媒体所报道的新闻,或通过各种调查,或在实习中观察跨文化语境等。这些方法都是提高学生实际能力的关键途径。如果教师在课堂中忽视这一教学环节,那就不可能真正提高学生的跨文化交际能力,或者只能提高学生的跨文化意识或跨文化敏感度。外语教学只有进入到在现实语境中培养学生跨文化交际能力阶段,学生的知识积累和跨文化意识才能得以应用与体现,也才能将知识转换成跨文化交际能力。要使英语教材更适合跨文化教育的需要,可以从以下几个方面考虑。

1.追求语言材料的真实性

现代外语教材的一个重要特征就是"求真",它反映在目标选材和练习的各个方面,即把学生和教师作为真实的交际对象,运用多种真实的任务来进行外语教学,这样才能使教学交际化。真实的交际任务要求教材以人为本,把学生当作有思想、有情感、有社会性、有文化性和有创造性的人。语言材料的真实性指从实际交际活动(口头和书面)中选取材料,而并非编教材的人自己撰写教学材料。其中许多部分涉及场合、身份、相互关系等社会因素,因而语言材料的真实性还包括跨文化的真实性,即真实反映社会环境、人文思想、地理历史、思维方式等多个层面的内容,能促进不同文化相互理解和交流。教材要重实践练习,不以语法为中心,而是围绕题材、目的或语言概念以及语言信息和语用功能来编著。将时代特点和真实性、语言知识学习与信息的传授结合起来。可适量增加关于国际政论和时评性的文章,帮助学生在获得文化知识的同时,进一步了解当代政治,为将来融入国际社会奠定基础。跨文化教材的编写队伍应包括社会学家、人类学家、语言学家等,经仔细选材,按主题分类的跨文化教材既具有综合性,又具有科学性,同时还有利于鼓励学生以一种开放的态度积极体验外国文化,通过分析比较,在两种文化间建立联系,以批判的态度审视外国文化,又能深入思考本国文化如何才能被目的语文化所理解。

语言教学的目的是实现跨文化中的思想交流与情感传递。因此,保留语言的真实性能够确保在真正意义上实现大学英语课堂教学成为连接学校教育和社会桥梁的目标。

2.体现文化内容与语言内容的自然融合

大学英语跨文化教学教材内容的编排应以文化主题为单位,在每一部分中都重点突出文化,突出语言,在潜移默化中让学生灵活、牢固地掌握语言。正如张红玲所说,语言内容和文化内容有机地结合，是跨文化交际外语教学的核心思想。语言和文化同为教学的目的和手段，两者不可分割。在教材中，系统的文化主题构成了教材的主线，而语言教学的内容实际上与这些文化内容息息相关。教材要充分考虑学生学习外语的需求、语言环境、知识结构和层次等多方面因素，囊括社会习俗、历史，特别是价值观等方面的内容，介绍西方不同国家的文化和中国传统文化，融入中西文化对比研究，让学生学会如何对待差异。教材要有助于培养学生批判性思维技能，要求学生以一种审视的眼光与批判的思维方式看待目的语国家的文化，体验其与本国文化不同之处。教材包含和传授的内容要充满积极的、使人奋发向上的精神，要将人类优秀的文化、高尚的思想道德通过语言潜移默化地传授给学生，使其对学生的世界观和价值观的形成产生深远的影响。

3.深化对母语文化的理解

在全球语境下，广泛的社会交流使文化教学成了外语教学的重要目标。然而，外语教学的任务很难单靠外语课完成。不能因强调尊重目的语国家的文化传统，就忽视了本民族具有特色的文化传统。实际上，英语及其传递的文化在不断扩大影响的同时，其他民族文化也在不断与之抗衡，进而造成了两者的相互影响和交融。跨文化教育为学生审视本国文化提供了良好的机会，所以在选择教材内容时要充分利用词汇、短语、句子以及成语和典故。总之，要努力培养学生的母语文化意识，以促进学生对本国文化的反省。

4.内容安排应循序渐进且多样化

文化的复杂性、动态性和多层次性决定了，文化教学不能只是古板地说教或是传授过知识后就一劳永逸。以文化为主题编写的教材内容必须是渐进性的，可操作性的，能弹性循环进行教学。唯有这样，学生对文化的体验与认识才能不断地理解和深化。教材内容的呈现要按照由浅入深，由表及里，从已知到未知，从具体到抽象的序列进行安排，课程内容在不同阶段上重复出现，范围逐渐扩大，程度不断加深。跨文化学科的教材要具备系统性、一致性、层次性、前沿性以及时效性的特点，注重与时俱进。编排体系既要体现西方国家的人文精神，又要反映出国内对人才需求理念所发生的重大转变，既注重人文关怀，又要满足人文素质培养的现实需求。

（五）改革教学方法

教学方法的改革是跨文化教育实践所涉及的另一个重要问题。跨文化教学的研究结果表明,不同文化背景下学生的认知能力、理解能力、逻辑判断与逻辑思维能力等方面均有明显差异,因此教学方式和策略也应该因学生的不同而不同。教师应拓宽思路和视野,把不同的外语教学方法应用到英语课堂教学中去,以学生为中心,从学生的智力发展特点出发,使教学方法与学生的认知结构及生活经验相结合,更好地实施有效的跨文化教育。

1. 传统认知派教学法

我国学生一般习惯于外语认知派教学法,该教学方法的特点是重视语言知识的传授,重视学生的本族语,重视发展学生内在的智能,注重激发学生积极思维。无论是语法翻译法、自觉对比法,还是认知法都有较好的教学效果。

在教学过程中,教师可以采用认知法传授知识,并结合具体情况以语法翻译法和自觉对比法为辅助。认知法重在理解和领悟,可以发展学生的智力,有利于激发学生积极思维,让他们掌握科学的学习方法。语法翻译法和自觉对比法则能加强学生的逻辑思维能力,并使学生借助母语加深对目的语的理解。

2. 引入联结派教学法

联结派教学法是以经验主义的哲学观点为基础,重视外语话语与实物、观念、概念等外部世界和思维的直接联系;侧重口头操练;强调反复模仿,大胆尝试,自然地掌握外语。联结派教学法又可以分为交际法、直接法、听说法、视听法等教学方法。

外语教学中不存在适用于各种情况的固定教学法,教师应合理地综合运用认知派和联结派的各种方法。总体来说,随着学生水平的提高,教师在教学中使用的语法翻译法应逐步减少,交际法应逐步增多。教师要了解学生的兴趣和目的,深入研究各种教学法,适当地择优选用,要沿着继承、引进、创造的道路,博采众长,灵活运用。

3. 采用整体语言教学法

虽然整体语言教学法最早出现在美国,但实际上我国英语教师在教学实践中逐渐形成的一些教学法与整体语言教学法理论的观点在许多方面不谋而合。整体语言教学法是"自上而下"的语言教学法,其主张应将语言作为一个整体,而不是孤立、零散的部分来学习。它试图在真实的上下文情境中教授语言,提出语言的功能是建构意义,语言学习的目的是满足学生在现实生活中的真实需要,使学生能进行有意义的人际交流,而不是为了学习语言。

小组练习是整体语言教学法的一个重要手段。课堂上学生参加小组讨论,并相互交流阅读体会。整体语言教学法以内容为中心,主题单元是教学安排上的一个显著特点。

这种教学方法有利于学生围绕某一个跨文化的主题进行阅读、写作、讨论；教师采用讲座、调查、参观访问等多种方式激发学生的求知欲，使学生从多层次、多角度认识某一跨文化问题。整体教学以学生为中心，通过建立图书角、墙报、学习小组等形式营造轻松、愉快的学习环境和积极的学习气氛，启发学生将所读的内容同自己的经历和现实生活相联系，引导学生讨论文章中涉及的伦理道德、价值观念，从而扩大视野，了解与自己的生活习惯、思维方式全然不同的其他文化。

我国外语教学以往一般以语法、语言点为重点，很少强调在语篇层次上的建构意义。阅读往往停留在句子甚至是短语层次上，不知道作者的思路、观点是什么。整体语言教学法在阅读教学方面则是综合读者已有的知识建构语篇的意义。笔者认为，我国大学英语跨文化教育应借鉴整体语言教学的理念，重视语言的整体性，体会作者的写作思路和文化观，加强语篇水平的训练，提高学生理解文章文化意义的能力。

### 4.引导学生采用研究性学习方式

20世纪90年代起，我国英语教学界在学生学习风格、策略和个人因素方面展开了一系列的研究，有关研究性学习的实践随着整个教育体制改革的进程，得到了切实的贯彻。研究性学习改变了学生以往单纯地接受教师传授知识为主的学习方式，为学生营造开放的学习环境，提供多渠道获取知识并将其运用于实践的机会。在英语教学中，教师通过提供信息，启发思路，补充知识，介绍方法和线索，引导学生质疑、探索和创新。学生通过自身的相互合作和研究，通过发现本民族文化中的优秀成分，欣赏目的语文化的过程，形成理解不同民族文化的能力，从而对不同文化进行比较、批判，进而形成批判性思维。

当前世界范围内较为流行的研究性学习模式共有九种，即开放课堂学习模式、框架下的发现学习模式、以兴趣为导向的探究性学习模式、以问题解决为导向的学习模式、项目研究模式、角色扮演模式、小组合作学习模式、习明纳课程模式和服务学习模式。英语课堂上要结合具体情况使用不同的研究性学习模式来实施跨文化教学。目前国际上有人把研究性学习看作一门课程。作为课程的研究性学习强调通过研究性课程使学生掌握研究方法。无论是将其视为方法还是课程，其实质都是强调学生的独立性和主动性，强调通过个人探索和个人研究的过程发现问题和解决问题，并由此培养一种问题意识。

研究性学习又被看作一种学习和教学方法。研究性学习强调学生通过自我探索和自我发现、自我研究的过程，培养学生的自主性、独立性和学习积极性。在研究性学习过程中，学生始终处于主体地位，既学到了知识，又锻炼了直觉思维能力和创造思维能力，学会了分享与合作，形成了自信心与自尊心。

研究性学习的开放性、研究性和实践性的特点，要求英语教师改变教育观念、教学内容以及以往的教学模式和教学行为。在师生探索新知的过程中，师生围绕要解决的问题共同完成内容的确定、方法的选择。学生在教师的指导下，确定研究的课题；改被动地记忆为敏锐地发现问题，主动地获取知识，提高解决问题的能力。英语教师在教学中应充分利用研究性学习对学生进行跨文化教育，有意识地开展一些英美文化背景知识方面的讨论活动，指导学生收集资料，然后就材料的内容进行扩展性介绍和讨论，再与汉语相应的文化内容作对比分析。通过对每个与英语文化有关的主题的发现、调查、探索和研究分析，学生可以更好地体验和感受英语国家的文化，消除民族文化差异的偏见，培养尊重他人习惯的态度，从而找出各种文化的异同点、独特性及价值观，培养自身的探究精神和文化理解力，增强文化敏感性，提高跨文化意识。

总之，任何教学方法的形成都有其社会文化根源，可以说每一种教学方法都体现了外语教学的某些方面。教师应该考虑到所处的文化环境，为适应社会需要取其精华，为我所用，不应把自己局限于某一固定的模式内，要根据各自的教学目的，考虑现有的条件和可以创造的条件，取长补短，走折中之路。在课程组织中，教师应注意作为教学活动组织者和参与者的责任，又要充分调动学生的积极性，根据学生的特点，了解其学习目的和兴趣，采用与之相适应的教学法，只要围绕着跨文化教育这一目标，广泛深入地研究各种教学方法，博采众长，得到学生的充分理解和积极配合，就能产生良好的教学效果。

### （六）科学评估教学效果

大学英语的各项测试中，应加强对西方文化的关注，以提高大学生的英语文化水平，正确评估教学效果，不断提高大学英语跨文化教学的教学质量，推动我国大学英语教学改革不断创新。在大学英语的教学评估中，建立完善的评估体系，将文化评估作为重要组成部分，以提高大学生对中西文化的熟知度，从而在文化知识、交际能力和情感交流等方面增强大学生的英语学习兴趣，有利于随时检查大学生的英语学习情况，这对于促进大学生综合素质全面发展具有重要作用。例如，将跨文化教学测试和语言测试相结合，根据不同阶段的英语学习特点，制定合理的评估标准，使跨文化教学测试向着正规化方向发展，以促进大学英语跨文化教学的有效性不断提高。

　　大学英语跨文化教学在当今全球政治、经济一体化的大背景下，显得越来越重要。一方面，它将为我国与世界其他国家的政治、经济等方面的往来提供复合型人才，培养适合当下激烈竞争的外语人才；另一方面，它将是我国优秀文化走向世界的桥梁。通过跨文化教学，学生的跨文化意识一定会有所提高，英语表达能力以及文化创造能力也会得到提升，学生这些能力的提升必将促进我国优秀文化在全世界范围内的进一步传播。

　　综上所述，在当今知识经济时代，大学英语教学也面临着新的机遇和挑战。对传统教育方式进行改革已成为我国高等教育发展的必然趋势。在未来，只有重视教育改革，重视学生的发展，才能紧跟教育改革的潮流，让国家在未来的知识竞争中占有一席之地。

# 参 考 文 献

[1] 陈丹."对分课堂"在大学英语教学中的应用[M].延吉：延边大学出版社，2019.

[2] 丁睿.大学英语教学发展研究[M].长春：吉林人民出版社，2019.

[3] 窦国宁.创客教育理念下的大学英语教学理论与实践[M].北京：企业管理出版社，2019.

[4] 冯建平.新时代大学英语教学研究[M].长春：吉林大学出版社，2020.

[5] 高凤琴，陕晋芬.当代大学英语教学理论阐述及方法运用[M].北京：中国书籍出版社，2019.

[6] 胡敏捷.PI理论与大学英语教学方法探索[M].北京：中国纺织出版社，2019.

[7] 扈玉婷.大学英语生态化写作教学研究[M].北京：北京理工大学出版社，2019.

[8] 节娟娟.中国传统文化与大学英语教学的融合与渗透研究[M].北京：中国大地出版社，2019.

[9] 邝增乾.大学英语教学的情感因素研究[M].长春：吉林人民出版社，2020.

[10] 李晓玲.大学英语教学方法研究[M].西安：陕西科学技术出版社，2020.

[11] 刘俊杰.新媒体与大学英语教学的融合及应用探究[M].北京：北京工业大学出版社，2019.

[12] 刘燕.文化与大学英语教学[M].北京：科学技术文献出版社，2019.

[13] 吕文丽，庞志芬，赵欣敏.信息化时代下的大学英语教学改革探索[M].长春：吉林大学出版社，2019.

[14] 任彦卿.基于移动学习系统的大学英语教学研究[M].长春：吉林人民出版社，2019.

[15] 史利红.大学英语教学中学习拖延问题研究[M].北京：北京理工大学出版社，2019.

[16] 宋玉萍，林丹卉，陈宏.图式理论指导下的大学英语教学研究[M].北京：知识产权出版社，2019.

[17] 孙琳.大学英语教学设计与有效教学[M].长春：吉林大学出版社，2020.

[18] 魏微.大学英语教学基础理论与实践研究[M].长春：吉林人民出版社，2020.

[19] 杨雪飞.多元文化视域下的大学英语教学研究[M].北京：北京理工大学出版社，2019.

[20] 余玲.文学翻译与大学英语教学[M].北京：中国原子能出版社，2019.

[21] 苑丽英.互联网+视域下大学英语教学的创新探索[M].长春：吉林人民出版社，2019.

[22] 张乐平."互联网+"时代背景下大学英语教学改革与发展研究[M].长春：吉林大学出版社，2019.

[23] 张茂君.当代大学英语教学与文学的融入探究[M].长春：吉林大学出版社，2019.

[24] 张铭.当代大学英语教学理论与研究[M].北京：九州出版社，2019.

[25] 张献.大学英语教学理论及实践应用[M].武汉：中国地质大学出版社，2020.

[26] 郑丹，张春利，刘新莲.当代大学英语教学体系建构与实践研究[M].北京：中国纺织出版社，2019.

[27] 钟丽霞，任泓璇.翻转课堂模式下的大学英语教学改革及创新优化[M].长春：吉林大学出版社，2019.

[28] 周保群.大学英语教学模式与课程建设研究[M].重庆：重庆大学出版社，2020.

[29] 朱飞.大学英语教学中的翻转课堂[M].长春：吉林大学出版社，2020.

[30] 朱婧，焦玉彦，唐菁蔚.大学英语多元互动教学模式研究[M].长春：吉林大学出版社，2019.